I0166707

اذ نورت كل علم اى تنوير

الكتاب غنى عن الشاهد

كما مصنفة قطب النجاس

هذه قصيدة من ديوان الشريف عبد
الله بن حمزة امير اليمن
الى الامير صفي الدين محمد بن ابرهيم

يا سَيْفَ دَوْلةِ هاشِمٍ   يومَ الوَغى واخا ٱلمكارِمْ
والطاعِنَ النجلاءَ في   رَهَجِ الوغى والنَّقْعُ قاتِمْ
والجُرْدُ تَرْكَعُ للقنا   والهامُ تسجُدُ للصوارم
والناسُ في ميدانها   ما بين مهزوم وهازم
هذا بصيرٌ في المكَرّ   وذا خليع القلب هائم
في المُعْضِلاتِ رايتُ منك   بسالةَ اللَيْثِ الضُبارِم
ذكرتنا آباءك الغُرَّ   الجحاجِحةَ الخَضارِم
اهل العساكر والمنا   بر والمشاعر والعمائم
قوم لواءهمُ المُقا   م من الفرار اجلّ عاصم
واذا تناطحت الجيا   دُ ضُحًى وبربرت الضراغم
سلّوا رقيقات الغرو   ب فأرتعوها في الجماجم
ليس المُجاور يا محمد   فاعلمَن مثل المُقاسم
صبرًا فخيرُ الناس اصبرُهم   على حَمْل العظائم
هذا كتابي شاكرًا   لك شاكيًا من فِعْلِ قاسم
قُلْنا عليك عدوُّنا   فعَنَى بذلك آل حاتم
قَوْمًا هُمُ منّا بمنزلة   الأَكُفِّ من البراجم
نصروا بثافت احمدًا   وبصَعْدةٍ فِعْلَ الاكارم
واخصُصْ سليلَ محمّد   رَحْبَ الفِنَي ليثَ الملاحم
جلّى بميدان السبا   ق الى العلا والكلّ عالم
فانظرْ اليه بنظرة   تشفي بها قَلْبَ المُسالم
ليس الفراخُ من النسو   ر تطيرُ تِطْيَارَ القشاعِمْ

BIBLIOTHÈQUE NATIONALE

CATALOGUE

DE

MANUSCRITS ARABES

PROVENANT D'UNE BIBLIOTHÈQUE PRIVÉE

à EL-MEDÎNA

ET APPARTENANT A LA MAISON

E. J. BRILL

Oude Rijn 33a

RÉDIGÉ PAR

CARLO LANDBERG

Dr. Ph.

LEIDE. — E. J. BRILL.

1883.

PRÉFACE.

Lorsqu'au mois de février je quittai mon savant et très honorable ami, le šeyḫ Emîn el-Madanî, alors au Caire, pour me rendre chez les Bédouins à l'est de Damas, il n'avait nullement l'intention de vendre sa bibliothèque. Je ne l'ai revu que tout dernièrement à Amsterdam, entouré de ses livres, dans l'attente d'un acheteur. Une spéculation malheureuse, causée par un égyptien malhonnête, lui avait fait perdre son capital, et, pour être fidèle à ses engagements, il s'était décidé à se défaire de son trésor de livres ramassés pendant de longues années. La maison Brill les acheta, et me pria d'en dresser le catalogue. Je refusais d'abord, car le temps qui me fut accordé n'était que d'un mois, tout au plus. Les instances réitérées de mes éditeurs et l'obligation que j'ai vis-à-vis d'eux pour la publication de mes travaux me déterminèrent à me mettre à l'œuvre. J'ai donc fait ce catalogue en moins d'un mois, écrivant le jour, lisant la nuit les manuscrits que je ne connaissais pas. C'est là mon excuse des erreurs qui peuvent s'y trouver. Par conséquent, on ne doit considérer ce catalogue que comme une esquisse rapide des livres que j'ai eu à manier. Je n'ai pas pu faire davantage.

L'importance de cette collection remarquable — il y a plus de 600 manuscrits — n'échappera à personne. On y trouve des ouvrages uniques et inconnus même en Orient. Ce qui tout d'abord frappe celui qui parcourt ce catalogue, c'est le grand nombre d'autographes qui y figurent. A ce point de vue seul la collection a une grande valeur, non seulement de curiosité, mais aussi scientifique, car tout orientaliste qui s'est occupé à éditer un ouvrage sait combien un apographe est sujet à des vicissitudes funestes de la part des copistes. On sera étonné de faire connaissance ici avec une série respectable d'ouvrages yémanites, qui sont presque tous de la plus haute importance, soit pour l'histoire, soit pour la littérature de ce pays si peu connu. Jusqu'à il y a une dizaine d'années, le Yéman vivait d'une vie tout-à-fait à part. On le connaissait très peu, ou presque pas, dans le Ḥeǵâz même. Et pourtant, il y avait là, et il y a en partie encore, une activité littéraire, un goût inné pour l'étude qu'on trouvera difficilement ailleurs. Les princes, et il y en avait plusieurs, étaient en même temps des savants. Auteurs eux-mêmes, ils protégeaient les lettres, ils encourageaient les études. Autour d'eux se trouvait toute une phalange d'hommes de science, de poètes et de copistes intelligents. Les nombreux ouvrages yémanites que contient notre collection sont une preuve de ce que j'avance. La littérature yémanite nous ménagera bien des surprises, nous comblera plus d'une lacune dans notre connaissance de l'Orient. Les documents qui nous sont fournis ici sur les Qarâmiṭa jetteront une nouvelle lumière sur cette secte politique et religieuse, qui a encore ses nombreux adhérents en Arabie. Les travaux si volumineux d'Abû Maḫrama, d'Ibn el-Mutawakkil et d'autres illustres Yémanites sont presque des révélations. Il faut espérer qu'avec de tels matériaux le Yéman trouvera en Europe son historien, digne de lui et du rôle qu'il a joué dans les lettres et les sciences.

Celui qui s'occupe de la poésie arabe aura plaisir à parcourir la nomenclature de ces dîwâns, de ces recueils plus ou moins homogènes. Plusieurs de ces ouvrages manquent dans les bibliothèques de l'Europe. Nous avons ici tout le Dîwân d'el-Aʿšâ, non collationné, cela est vrai, mais c'est toujours une bonne trouvaille. Les deux Ǵamharat d'Ibn Abî el-Ḫaṭṭâb seront d'un grand secours pour celui qui éditera définitivement, ensemble ou séparément, les anciens poètes. Quelques-unes de ces apographes sont de vrais chefs-d'œuvre calligraphiques et d'une correction qui ne laisse rien à désirer.

L'histoire est largement représentée dans cette collection. Les ouvrages concernant les villes saintes sont assez nombreux. L'autographe d'ed-Ḏahabî sera le bienvenu pour le savant éditeur de cette partie d'eṭ-Ṭabarî. Les recueils de biographies nous ont été d'un grand secours en élaborant ce catalogue. Les petits volumes ne sont pas les moins intéressants; on néglige un peu trop les monographies historiques pour les grands recueils.

La partie de la jurisprudence nous offre un el-Muzzî qui doit être, à ce qu'on m'a dit, le seul exemplaire connu en Orient. La plupart de ces ouvrages, ainsi que les livres de tradition, ont appartenu à des savants, medinois ou mekkois, et sont des textes collationnés et corrigés par eux. Il serait trop long et l'espace ne me permet pas de faire ressortir, d'une façon particulière, tout ce que cette collection renferme de documents précieux pour l'histoire, la religion, la littérature, la langue et la vie civile et sociale des Arabes. J'ai tâché, dans le catalogue succint que j'en donne, de relever, autant que le temps me l'a permis, l'intérêt des principaux ouvrages. Plusieurs d'entre eux sont défectueux, mais ce manque est le plus souvent en quelque sort compensé par l'anciennté ou la bonté de l'exemplaire. Du reste, quelle est la bibliothèque en Europe qui puisse se vanter de ne pas être dans le même cas? Les noms des auteurs et les titres des livres sont presque toujours donnés comme je les ai trouvés dans le MS. J'ai quelquefois eu recours à Ḥ. Ḫ., édition du Caire. Vu le nombre considérable d'autographes de personnes conues dans l'histoire, et pour en faciliter la recherche, j'ai jugé à propos d'en réunir les noms dans une table à la fin du catalogue.

J'espère que mes confrères ne considèreront ce catalogue, ou plutôt cette nomenclature, plus qu'il ne vaut. Je le publie sans la moindre prétention.

En maniant, en parcourant et souvent aussi en approfondissant ces MSS, j'ai eu un frisson de plaisir, semblable à celui qu'éprouve l'avare en examinant ses trésors. Seulement, ce plaisir n'était pas sans partage, car, à chaque volume que je plaçais numéroté sur le rayon, je me disais: où vas-tu finir? En les quittant j'ose exprimer le désir que ce trésor tombe entre des mains dignes de lui, des mains qui nous distribuent sans hésitation et sans difficultés les emprunts que nous leur demandons. Qu'il reste en Europe et chez quelqu'un où nous avons nos grandes et nos petites entrées!

LEIDE, le 10 Sept. 1883. C. L.

CATALOGUE DE MANUSCRITS.

PREMIERE PARTIE.

MANUSCRITS AUTUGRAPHES OU PARTICULIÈREMENT REMARQUABLES, SOIT À CAUSE DE LEUR ANCIENNETÉ, SOIT À CAUSE DE L'APOGRAPHISTE.

1 ed-Ḏahabî († 748).

الجزء الثالث من تاريخ الحافظ الذهبي.

Autographe de l'auteur. Ce volume commence à l'année 241 et finit à l'année 346. Ecriture bonne et distincte.

2 Ibn-Keṯîr († 774).

البداية والنهاية في التاريخ.

Troisième volume. Ecriture distincte.

3 el-Imâm Maḥmûd el-ᶜAynî († 855).

عقد الجمان في اخبار اهل الزمان.

Deuxième volume. Apographié par son élève Moḥammad ᶜabd el-âl er-Ruhâwî, en 888. Bonne écriture.

4 es-Saḫâwî.

كتاب في رجال القرن التاسع

Un gros volume dont il manque les premières pages.

Cette œuvre est différente du الضوء اللامع, par le même auteur, car il dit ici: كما ذكرت في الضوء اللامع. L'écriture de ce volume, ayant été comparée à celle du dit ouvrage existant à la bibliothèque Khédiviale du Caire, il en ressort qu'elle est de la main de l'élève d'es-Saḫâwî, Moḥammad Ibn Fahd el-Hâšimî († 954, v. nº. 31), qui a également apographié الضوء اللامع. Bonne écriture souvent vocalisée, surtout dans les vers.

5 Moḥammad Madyan, avec l'épithète رئيس الاطبّاء في مصر († après 1043).

النور السافر في القرن العاشر.

Autographe de l'auteur. Ne comprend que 50 pages, après lesquelles vient الروح الباصر على بعض وفيات اعيان اهل القرن العاشر, également autographe du même auteur. Quelques pages sont blanches; les corrections et les additions sont fréquentes. Nombreuses voyelles, surtout dans les vers. Bonne écriture de l'année 1038.

6 Ḥamîd Bey.

Histoire des hommes remarquables de l'Egypte au *treizième* siècle de la Hiğra.

Minute de l'auteur († 1283). Ouvrage important, non encore terminé.

7 Inconnu.

Histoire de Mekka et d'el-Medîna.

On lit à la première page: هذا تاريخ بخط مؤلفه بدليل المحو والشطب والتخاريج وكان موجودا بمكة في عيد

المولد سنة ١١٠١ كما ذكر له في الهامش بعد ثلاثة اوراق
ويظهر من كلامه انه من تلاميذ الشيخ علي الشبْراملّسي
كما ذكر بعد اربعة اوراق وكان مسكنه بمكة بسوق الليل
كما ذكر بعد خمسة اوراق وذكر بعد ثمانية اوراق انّ جَدّه
عمر بن الخطّاب وذكر ايضا بعد احدى وعشرين ورقة انّ
شيخه الشيخ احمد النخلي المكي وذكر بعد ثلاثة وعشرين
ورقة انّ شيخه الشيخ محمد النبلاوي الدمياطي

Bonne écriture. Vers vocalisés. Minute de l'auteur.

8 el-Mobarrid.

الكامل. 2 vol.

Le premier volume, qui est d'une écriture fort jolie et distincte, avec beaucoup d'annotations marginales et de voyelles, arrive jusqu'à la page 432 de l'édition de Mr. Wright. Exemplaire fort correct ayant été collationé, ainsi qu'on le voit à la marge. Le II vol. a été écrit en 488; il est d'une correction hors ligne. Il commence à la page 527 de l'édition de Mr. Wright. Il y a donc une lacune depuis la page 432 jusqu'à la page 527 de l'édition susmentionnée. Superbe écriture toute vocalisée. Quelques feuilles sont endommagées par le vitriol avec lequel l'encre a été composée. Il est à regretter que le savant et consciencieux éditeur d'el-Kâmil n'ait pu consulter notre Codex, qui lui aurait fait combler quelques lacunes et lui aurait fournit un certain nombre de meilleures leçons.

9 Aḥmed el-Manînî. († 1172. Voir notre Catal. périod. I, n°. 37).

شرح الصدر بشرح ارجوزة اهل بدر.

Original de l'auteur, écrit en 1067. Jolie écriture

avec enluminure et cadres dorés. Ce volume contient encore 1°: le texte d' البُرْدة par Abuṣîrî. Ecriture hors ligne, complétement vocalisée. 2° حِزْب البحر par eś-Śâḏilî. Prière pour les marins afin d'éviter le naufrage. V. Cat. Bibl. Lugd. Bat. IV, 339. Collationné.

10 هذا مجموع من تراجم الخلفاء و تراجم كلّ من ولي مصر من الملوك والسلاطين وتراجم امراء المحمل المصري من اول الاسلام الي زمن المؤلف

C'est là une note sur le frontispice du livre dont le titre est: مجموع تراجم الخلفاء و ملوك العثمنلي وجميع من تولّى مصر من نياب (!) و ملوك و باشاوات و امراء الحجّ

Le nom de l'*auteur* est *inconnu*. Ce livre est important pour l'histoire de l'Egypte comme étant le seul qui donne le nom et l'année des „Chefs du Pèlerinage". Le dernier „Emîr" est de l'année 1100. Minute de l'auteur (v. n°. 28).

11 Moḥammed el-Anṣârî.

السهام المضيّة في بلاصية الديار المصريّة

L'auteur décrit les extorsions auxquelles les Egyptiens étaient exposés de son temps; cet état des choses n'a pas beaucoup changé. Minute de l'auteur, écrite en 994. 4 feuilles.

12 ʿOmar Ibn Bâkir, connu sous le nom d'Ibn en-Nâẓir.

فلاحة مصر.

La doxologie manque. Autographe de l'auteur, écrit en 1040. 6 feuilles.

13 Abû el-Ḥoseyn Aḥmed Ibn Fâris.

مُجْمَل اللغة.

Premier volume. Bonne écriture, toute vocalisée, de la main du fameux خطّاط ʿAbd Allâh, connu sous le nom d'Ibn el-Ḫaśśâb el-Baṛdâdî en-Naḥwî, mort en 567. Renferme aussi la إجازة pour Abû Ṛâlib Moḥammed ibn el-Mobârak Ibn Meymûn, délivrée par le même Ibn el-Ḫaśśab en 546. Cette Igâza est extrêmement importante comme étant le seul document nous renseignant sur le fameux auteur de نهاية الادب في اشعار العرب, dont il y a 2 vol. à Constantinople, 2 vol. à el-Medîna et 1 au Caire. On lit à la première page هذا الكتاب صار هبةً وانعاما من المولى بدر الدين عزّ الاسلام ابن علي الحسن محمد الملكي العادلي الي اصغر خدمه مرهف بن اسامة بن مرشد بن علي بن منقذ المالكي في شهور سنة خمس وستين وخمسمائة

Cet exemplaire est un vrai trésor, au point de vue de son exactitude et des autographes qu'il porte.

14 el-Fârâbî († 350, oncle maternel de Ǵauharî).

ديوان الادب Second volume. يشمل علي خمسة كتب كتاب المضاعف وكتاب المثال وكتاب ذوات الثلثة وكتاب ذوات الاربعة و كتاب الهمزة

Composé pour Ḥowârazm Śâh. Le poète Ḥasan I. Aḥmad I. Ǵaʿfar I. Jûsuf el-Wadiʿî el-Hamdânî le copia en l'année 656 pour l'Emîr Qâsim I. Aḥmad eś-Śâkirî el-Hamdânî, qui fut son élève, ainsi qu'il ressort de l'Igâza, écrite par el-Wadiʿî, qu'on lit à la fin du livre. Superbe exemplaire *tout* vocalisé.

15 Abû el-Barakât ʿabd er-Raḥmân I. Moḥammad el-Anbârî [† 577, v. Ḥ. Ḫ. s. art.).

عُمْدة الادباء في معرفة ما يكتب بالالف والياء

Dissertation sur les noms qui finisient par un حرف العلّة et la manière dont on doit les écrire.

16 Muṣṭafâ Bek Wahbî.

رسالة في شأن الحروف وتغييرها.

L'auteur, encore vivant, propose ici d'écrire l'arabe de la manière européenne, avec les voyelles et les désinences vocales. الرجُلُ s'écrirait donc, d'après lui, الراجولو. Cette idée impraticable valut à son auteur des moqueries sans fin. Ce livre est une vraie curiosité et d'une grande rareté.

17 Mowaffaq ed-dîn ʿAbd el-Laṭîf el-Baḡdâdî.

شرح ديوان ابي يحيى عبد الرحيم بن نُباتة الفارقي.

Ce dernier était خطيب de Seyf ed-Daula; il mourut en 374. Les Arabes le considèrent comme leur plus grand orateur (v. I. Ḫall. s. art.). Ecrit par Ḥoseyn I. Yaʿqûb er-Ruhâwî en 623, l'auteur étant encore vivant. La première page porte une Igâza du philologue ʿAlî I. Moḥammad. I. ʿAbd eṣ-Ṣamad es-Saḫâwî, le commentateur d'el-Mufaṣṣal, pour une personne dont le nom est effacé. Le première feuille manque. Le livre commence par: شرح ما في الخطبة الاولى. Ecriture distincte et toute vocalisée.

18 el-Damâmînî. [† 828].

شرح الخَزْرجيّة.

Traité de prosodie (v. Ḥ. Ḫ. s. art.). Exemplaire écrit

par l'auteur en 817, comme il le dit lui-même à la fin du livre. La première feuille manque.

19 ᶜAbd Allâh eš-Šabrâwî († 1153).

عروس الآداب وفرحة الالباب.

Ceux qui ont lu les jolis ouvrages déjà publiés de cet auteur (v. notre cat. périod. I, n°. 57, 58), connaissent la distinction de son style et l'aménité de ses récits. Autographe de l'auteur. La fin manque.

20 Aḥmad el-Marḥûmî.

الهديّة المرضيّة.

Livre d'*adab*. Minute de l'auteur, terminée le 26 Moḥarram 1201.

21 ᶜAbd er-Raḥmân el-Baġdâdî. Le Dîwân de

L'auteur, mort en 1298 à el-Medîna, était aussi grand voyageur que poète de mérite. Il alla jusqu'au Brésil, où il découvrit une grande communauté de musulmans nègres venus de Timbouctou. Son voyage dans ce pays est publié en turc. Le présent Dîwân, autographe de l'auteur, est le seul exemplaire qui existe. Fort belle écriture, mais sans voyelles.

22 Abû el-Walîd el-Boḥtorî. Le Dîwân d'.

La fin manque. Ce qui fait le prix de cet exemplaire, c'est qu'il a été écrit par eš-Šihâb el-Ḫafâǵî, un des plus grand philologues que les Arabes aient jamais eus.

23 eś-Śeyḫ ʿAlî ed-Derwîś, poète officiel égyptien [† 1268].

كتاب في اسماء خيول العرب العرباء.

Autographe de son élève, également poète officiel du gouvernement égyptien, eś-Śeyḫ Muṣṭafâ es-Salâma.

24 ʿAbd el-Qâdir el-Barḍâdî.

شرح شواهد الشافية لابن الحاجب.

Le livre d'Ibn el-Hâǵîb fut commenté par er-Raḍî et el-Ǵârabardî. Ce sont les vers à l'appui, cités par ces deux savants, que notre auteur explique. Son خزانة الادب est considéré par les orientaux comme un des *standardwork* de la littérature arabe. Du présent livre, il n'y en que la moitié à peu près qui soit écrite par l'auteur; c'est même sa minute; le reste a été suppléé par un copiste, dont l'écriture est excessivement distincte. La partie de l'auteur est souvent vocalisée.

25 Abû el-Fatḥ ʿOṯmân Ibn Ǵinnî († 392).

مختصر التصريف الملوكي.

Traité de grammaire. Exemplaire écrit par Ibn el-Ḫayyâm en-Naḥwî, collationné sur deux autres exemplaires, écrits par el-Ǵawâlîqî et el-Qâśânî (celui à qui Ḥarîrî présenta ses „Séances.") Ecriture nesḫî admirable, *toute* vocalisée.

26 es-Saʿd et-Taftazânî.

شرح تصريف العِزّي.

Autographe d'el-Futûḥî, connu sous le nom d'Ibn en-Naǵǵâr, de l'année 938. Jolie écriture vocalisée.

27 Aḥmad el-Marḥûmî.

خالص الابريز

Livre d'*adab*. Autographe de l'auteur, de l'année 1088.

28 Inconnu.

كتاب في الغلمان والنساء والمُجون.

Minute de l'auteur du nº. 10. Livre d'une crudité incroyable. La première feuille manque.

29 Maḥmûd Pâŝâ Sâmî, connu sous le nom d'el-Bârûdî.
Cinq cahiers de recueils. Tout le monde connaît l'histoire de l'auteur, à present exilé avec ʿArâbî dans l'île de Ceylon. Il est un savant distingué, et les lettres en Egypte se ressentiront longtemps de la perte de leur plus zélé protecteur.

30 Moḥammad I. Ǵâbir el-Hawârî d'Andalousie († 780).

شرح الفيّة ابن مالك.

Autographe de l'élève de l'auteur, Mûsâ I. Moḥammad ed-Deyṣâlî (?), de l'année 799. Gros volume de 586 pages. Excellente écriture, avec des voyelles.

31 Muslim I. el-Ḥaǵǵâǵ.

الصحيح.

Premier volume, contenant 476 pages d'une écriture particulièrement distincte et souvent vocalisée. Au commencement du volume se trouvent: 1º deux Iǵâzâ autographes d'Aḥmad I. Ḥaǵar el-ʿAsqalânî pour son élève Yaḥyâ I. Maḥmûd I. Yaʿqûb el-Almâlârî, de l'année 850; 2º Iǵâza autographe de Moḥammad I. Fahd el-

Hâŝimî [† 954, v. H. Ḫ. ed. Caire, I, 206] pour le même. A la fin on lit une quatrième Igâza autographe d'el-Aqṣirâî, également pour el-Almâlarî, de l'année 850.

Cet exemplaire, dont les dernières feuilles manquent, est un vrai trésor de correction et de calligraphie. On sait que toutes les éditions imprimées de Muslim sont, de l'aveu des savants orientaux mêmes, remplies de fautes et ne jouissent, comme telles, d'aucune considération chez les Arabes. On comprendra donc de quel prix est le présent exemplaire, accompagné qu'il est des documents susmentionnés. Comme l'une des Igâza d'el-ᶜAsqalânî est un peu difficile à déchiffrer, nous la donnons ici:

الحمد لله وسلامٌ علي عِبادِهِ الذين اصطفى امّا بعدُ فقد قرأ عليَّ شيئا من اوّل هذا الصحيح واوّلِ حديثِ كتاب الايمانِ وتناول مني هذا المجلَّدَ فأذِنت له ان يروي عني جميع هذا الصحيح بروايتي عن الشيخ الامام المدرّسِ فخر الدين ابي الحسن محمد بن عليّ بن محمد بن عقيل البالِسيّ سماعًا عليه وقرأت عليه بعضه وبقراءتي لجميعه علي المُسْنَد الاصيل شرف الدين ابي الطاهر محمد بن ابي اليُمْن بن ابي الفَتْح الرَبَعي بسماعهما على المسند بدر الدين ابي الفرج عبد الرحمن بن محمد بن عبد الهادي بسماعه على المسند الكبير بدر الدين احمد بن عبد الدائم بن نِعمة النابلسيّ وباجازته من ابرهيم بن عمر بن مضر بسَنَدَيْه الى مُسْلِمٍ واجزتُ له ان يروي عني ايضا الجامع الصحيح للامام البخاري باسانيدي الى مصنفه وان يروي عني جميع ما يجوز عني روايتهُ وكان ذلك في الاثني عشرة من شوال سنة خمسين وثمان مائة قاله وكتبه احمد بنِ عليّ بن محمد بن محمد عليّ بن احمد بن [1] حجَر العسقلاني حامدا مصلّيا مسلّما

1) Ainsi vocalisé par l'auteur lui-même. Mr. de Goeje a déjà refuté Mr. Dozy, qui voulait lire Ḥoǵr. (Cat. Bibl Lugd. II, 201, note; V, 208.

32 Ibn Ḥaǵar el-ʿAsqalânî.

إتحاف المَهَرة بالاطراف المبتكرة من العشرة.

Autographe du neveu de l'auteur, connu sous le nom de سبط العسقلاني, lui-même auteur célèbre, de l'année 878. Les traditions du Prophète sont ici arrangées d'après les personnes qui les ont transmises, conformément à la méthode adoptée par son dévancier el-Muzzî (v. nº. 225). Les auteurs qui ont été réunis dans ce vaste recueil, dont nous ne possédons malheureusement que le dernier volume, sont: Boḫârî, Muslim, Ibn Mâǵah, Tirmiḏî, abû Daûd, Nasâʾî, ainsi que quatre autres. Gros volume de 860 pages; sans points diacritiques.

33 el-Baṛawî.

المصابيح.

Premier volume. Ecriture très belle, de l'année 639, toute vocalisée, avec force annotations marginales et interlinéaires.

34 es-Seyyid el-Ḥamawî.

شرح منظومة الحديث.

Traité sur فن مصطلح الحديث, ou les principes des traditions. Minute de l'auteur. 78 pages. Voyez nº. 39.

35 Aḥmed Ibn et-Teymîya el-Ḥarrânî (✝ 728).

الصارم المسلول على شاتم الرسول.

Livre de jurisprudence et d'histoire se rapportant à la question de la peine qu'on doit infliger à celui qui blasphème le Prophète. Apographe de l'élève de l'auteur, ʿAbd-el-Qâdir I. Moḥammad el-Qoraśî, à qui il donna la

Igâza autographe qu'on lit à la dernière page. Ce livre est d'une rareté extraordinaire. Ecriture très lisible. 320 pages.

36 Taqî ed-dîn es-Subkî († 756).

السيف المسلول على من سبّ الرسول.

Voir Cat. Bibl. Lugd. Bat. vol. IV, p. 136. Apographe fait par Moḥammad I. ᶜAbd Allâh el-Qorašî el-Mohallabî, en 788. Exemplaire collationné sur l'original de l'auteur.

37 Abû el-Ḥoseyn Moḥammad I. Ǵumeyᶜ el-Rassânî († 402).

المُسْنَد.

Recueil de traditions, selon l'ordre alphabétique des personnes. Apographe de Moḥammad I. Abî Bekr, dont le père est connu sous le nom d'en-Nûr el-Muqrî el-Balḫî.

Ce livre porte les Igâza autographes suivantes: 1º pour le fils de l'apographiste, délivrée par le šeyḫ ᶜAbd eṣ-Ṣamid I. Faḍl el-Anṣârî, de l'année 613; 2º de M. I. ᶜAlî I. Maḥmûd eṣ-Ṣabûnî, de l'année 639, pour ᶜAlî I. Aḥmad I. ᶜAssâl; 3º d'Aḥmed I. Yaᶜqûb I. el-Muqrî, connu sous le nom d'eṣ-Ṣâbûnî; 4º de ᶜAbd eṣ-Ṣamid I. abî el-Faḍl el-Anṣârî pour Maḥmûd I. Abî Bekr I. Moḥ. el-Âmirî, de l'année 609. Notre exemplaire a donc été écrit avant ce temps. On y lit encore d'autres Igâza qu'il serait trop long d'énumérer. Ecriture fort correcte, toute vocalisée.

38 ʿAbd er-Raḥmân I. el-Ǵâzî († 597).

التحقيق في احاديث التعليق.

L'auteur passe en revue les différentes traditions au point de vue du rite ḥanbalite. Ouvrage fort important pour la bonne intelligence des traditions. Apographe de Ḥasan I. el-Ǵâzî, de l'année 613, collationné sur l'original de l'auteur, ainsi qu'il ressort d'une note marginale. Ecriture fort correcte, souvent vocalisée.

39 Yûnis I. Ḥallâǵ.

اسانيد المحدّثين. 2 gros volumes.

Pour mieux faire ressortir le contenu et la valeur particulière de ce livre, nous rapporterons tout d'abord la note d'el-Ḥamawî (v. nº. 34) qu'on lit à la première page: اشتمل هذا الكتاب المبارك علي اسانيد المتاخّرين من المحدّثين كما تشهد بذلك خطوطهم المزبورة غبّ كلّ سند و فيه ايضا استدعاء البرهانِ ابن ابي شريف لنفسه و لاخيه و لبعض اصحابه الاجازة من مشايخ العصر المعتبرين مع ذكر اشياخهم ومولّفاتهم ووفياتِ كثير من الاعيان المعتبرين كما يظهر ذلك لمن غاص بحار طروسه و شرب من رحيق كؤوسه

Le sujet de اسدعى est Yûnis I. Ḥallâǵ. Il alla de contrée en contrée pour recueillir des traditions. Il les enregistra dans ce livre et se fit donner l'Igâza du Šeyḫ qui lui avait fourni la tradition avec tous ses asânîd. Elle se trouve toujours à la fin de chaque section. Ainsi, le premier volume est tout de la transmission d'el-Qalqašendî, dont on rencontre souvent cette Igâza: الحمد لله صحيح ذلك كتبه ابرهيم بن علا القرشي القلقشندي الشافعي. Le second volume porte les Igâza autographes suivantes: 1° Moḥ. I. Moḥ. en-Naśîlî; 2° el-Borhân Ibrâhîm I. Abî Śarîf; 3° ʿAbd el-ʿAzîz es-Simbâṭî; 4° Moḥ. I. ʿAbd Allâh es-Zeytûnî; 5° Moḥ. I. Yeś-bok el-Yûsufî; 6° ʿAbd el-Bâsiṭ[1]); 7° Moḥ. I. el-ʿImâd (v. n°. 49); 8° el-Bârnârî; 9° el-Qalqaśendî; 10° Moḥ. I. Aḥmad I. ʿIsâ, l'imâm de la mosquée Ramrî (Caire); 11° ʿAbd er-Raḥmân I. ʿOmar en-Naśîlî; 12° Moḥ. I. Abî Bekr el-Maśhadî; 13° ʿAbd el-Ḥaqq es-Simbâṭî. On voit par cela avec quelle méthode on procéda pour recueiller les traditions fidèlement transmises d'individu en individu, grâce à la mémoire prodigieuse des Arabes; méthode qui est suivie encore aujourd'hui chez les musulmans. On peut quelquefois ainsi voir un traditionniste courir avec son livre pour y écrire les traditions fournies par des personnes de confiance (رواة ثقات). Ce livre renferme tout un chapitre de l'histoire de la culture arabe. Il est en outre unique, et se distingue par sa correction. Il est presque partout vocalisé. Les nombreux en-têtes, ainsi que tous les قال et اخبرنا, sont en grosses lettres rouges avec des points d'ornemont, ce qui donne au livre un aspect tout-à-fait extraordinaire. Ecrit en 916.

40 el-Bazzâr.

جزء فيه عن كل شيخ من مشايخ الشيخ ابي علي الحسن بن احمد بن ابرهيم بن شاذان البزّار

Recueil de traditions du même genre que le livre précédent, mais n'en renfermant qu'un petit nombre. Cette

---

1) Celui qui a construit la mosquée du même nom dans le quartier el-Ḫurunfuś, au Caire.

sorte de livres *contenant les* Igâza *nécessaires*, s'appelle ثَبْت, مَشْيَخة ou سَنَد [1]) Un ṯabt a pourtant toute sa valeur même sans le صحيح d'une autorité, si l'auteur du ṯabt est autorité lui-même. C'est là une petite différence entre les deux mots. Mr. Sprenger a tort de soutenir qu'il était facile d'obtenir des Igâza pour les ṯabt, Z.D.M.G. XX. Ici, par exemple, c'est el-Bazzâr qui a transmis des traditions. Longtemps après lui vient ʿAbd Allâh I. el-Ḥasan I. Abî eṯ-Ṯâbit; il complète l'Isnâd jusqu'à lui-même, et donne les noms des śeyḫ, qui le réunissent à el-Bazzâr. On voit donc que les anneaux de la chaîne sont complets. A la première page se trouvent deux Igâza des deux śeyḫ, qui constatent que notre ʿAbd Allâh est en possession d'une tradition authentique, et qu'il peut à son tour la transmettre. Les noms de ces deux śeyḫ sont Abû el-Faḍl Ismâʿîl I. el-Faqîh et Abî ʿAbd Allâh Moḥ. I. ʿAbd el-Hâdî I. Yûsef I. Qodâma el-Maqdisî. Bonne écriture. 46 pages.

41 el-Qâḍî ʿIyâḍ el-Yaḥṣobî († 544).

الشفاء بتعريف حقوق المصطفى.

Premier volume. Après Boḫârî le livre le plus considéré par les Musulmans pour ce qui concerne la personne, les habitudes etc. du Prophète. Cf. Cat. Bibl. Lug. Bat., IV. p. 243. Apographe de ʿAbd el-Ǵalîl I. Toṛrî, fait avant l'année 614, date que porte une Igâza autographiée du célèbre voyageur I. Ǵobeyr. Collationné. Excellente écriture vocalisée.

---

1) Dans la langue *parlée* on ne connaît que la prononciation maśyaḫa; le ثَبْت de Lane est incorrect.

42 I. el-Aṯîr el-Ǵazarî († 637).

شرح العُمْدة.

Les premières 16 pages et 6 pages à la fin ont été suppléées par Muṣṭafâ eṭ-Ṭâʾî (v. nº. 65). La dernière feuille manque. Ecriture fort distincte. Exemplaire collationné.

43 ʿAbd el-Ranî I. Surûr el-Maqdisî el-Ǵamaʿîlî.

كتاب الاحكام الكُبْرى.

Le livre précédent est le commentaire de l'épitome (العُمدة, v. Cat. Cod. Mus. Brit. p. 252*b*) de cet ouvrage. Livre de *Fiqh*, basé sur les traditions. Apographe de l'Imâm Abû Šâma, de l'année 745, ainsi qu'il résulte d'une comparaison, faite à el-Medîna, avec d'autres autographes de cet historien. Bonne écriture vocalisée.

44 I. eš-Šaḥna el-Ḥalabî († 815).

حاشية الهداية المسمّاة بنهاية النهاية.

Livre de *fiqh*. La fin manque. Minute de l'auteur; sans un seul point diacritique.

45 ʿAlî I. ʿAbd el-Kâfî es-Subkî.

Contient deux رسالة: 1º إشراق المصابيح في صلاة التراويح. Dissertation sur les prières surérogatoires après العشاء, au mois de Ramaḍân. Elle a été composée en 733. Le šeyḫ Ḥasan el-ʿAṭṭâr, fameux savant d'el-Azhar († 1255) y a mis une note de certification. La seconde رسالة, s'appelle فصل المَقال في هدايا العُمّال. Sur le *Fiqh* châféite; elle porte une note du Šeyḫ el-Murtaḍâ, l'auteur de Tâǵ el-ʿArûs; composée en 751. Autographe de l'auteur. 10 pages.

46 el-Imâm ᶜAbd el-Ḥaqq el-Azdî.

كتاب فيه الاحكام من اخبار رسول الله صلعم من مسلم والبخاري والترمذي.

A la dernière page se trouve une Iĝâza d'Abû Bekr I. Moḥ, connu sous le nom d'Ibn ez-Zâhid, de l'année 636; elle énumère deux śeyḫ entre lui et l'auteur. Fort bel exemplaire, souvent vocalisé; il paraît être plus ancien que l'année précitée.

47 el-Ḥasan I. ᶜÂrifa.

احاديث.

Contient une Iĝâza, de l'année 737, du fameux Yûsef el-Muzzî (v. nº. 223) pour Mobârak I. ᶜAbd Allâh el-Libnânî, l'apographiste du livre, qui est un مَشْيخة (v. nº. 40). 40 pages.

48 el-Imâm eś-Śâfiᶜî.

جزء فيه الاحاديث التي رواها في مسنده الامام الشافعي.

Maśyaḫa contenant plusieurs Iĝâza dont les plus importantes sont celles de ᶜAlî I. ᶜAbd el-Kâfî er-Rabaᶜî eṣ-Ṣaqalî et d'el-Murṭaḍâ. Ecrit en 609. 20 pages.

49 Abû el-Faḍl Moḥ. I. Ṭâhir I. ᶜAlî el-Ḥâfiẓ el-Maqdisî.

شروط الكتب الستة.

Maśyaḫa, apographiée en 917, par Moḥ. I. Yeśbok el-Yûsufî (v. nº. 54), qui eut son Iĝâza de Moḥ. I. el-ᶜImâd eś-Śâfiᶜî (v. nº. 39). Jolie écriture souvent vocalisée. 10 pages.

50 ʿAbd el-Qâdir I. Muṣṭafâ eṣ-Ṣaffûrî ed-Dimiśqî.

ثَبْت.

Ce Ṯabt est différent de ceux qui précèdent, en ce qu'il renferme autre chose que les traditions. L'auteur énumère ici tous les livres qu'il a étudiés, ainsi que ses maîtres. Son élève, Taqî ed-dîn el-Ḥoseynî el-Ḥuṣnî a fait l'apographe en 108. Il paraît avoir attendu l'Iǵâza nécessaire, lorsque la mort vint surprendre son śeyḫ. Cette sorte de Ṯabt est la plus considérée comme étant plus complète et montrant mieux l'universalité des connaissances du porteur. 62 pages.

51 Muḥibb ed-dîn Abû el-ʿAbbâs Aḥmad I. ʿAbd Allâh eṭ-Ṭabarî el-Mekkî eś-Śâfeʿî.

احاديث مُشكِلة.

Explication des traditions qui offrent des difficultés. Apographe de l'élève de l'auteur, ʿAlî I. Eyyûb I. Manṣûr el-Maqdisî, de l'année 650.—Même auteur.

صِفوة القِرى في صفة حجّة المصطفى وطوافه بأمّ القرى.

Livre très important donnant, entres autres, la description de Mekka du temps du Prophète. Ecrit en 651. 134 pages.

52 Abû Zakârîyâ Yaḥyâ el-Kûfî.

أمالي.

Maśyaḫa de traditions; avec plusieurs Iǵâza dont les plus intéressantes sont celles-ci: 1° de l'apographiste du livre, Moḥ. ʿAbd el-ʿAzîz I. el-Aḫḍar, de 621; 2° de Moḥ. I. ʿAbd Allâh I. Aḥmad, connu sous le nom d'I. el-Muḥibb, élève d'el-Muzzî (v. n°. 223); 3° de

ʿAbd Allâh Yaʿqûb I. Aḥmad I. Yaʿqûb I. el-Muqrî (ou I. eṣ-Ṣâbûnî), de 677; 4° du frère de ce dernier, ʿAlî. Ecriture distincte, souvent vocalisée. 26 pages.

53 Ibn el-Qeyyim (Moḥ. Abû Bekr ez-Zaraʿî † 551).

التذكرة.

Première partie, de 13 pages seulement, sur des questions philosophiques. Autographe de l'auteur. A la fin se trouve une fetwa autographe d'Ibn Ḥaǵar el-ʿAsqalânî.

54 Abû Bekr I. Abî ed-Dunyâ.

قِرى الضيف.

Traditions se rapportant à l'hospitalité, et des vers bédouins à ce sujet. Livre fort joli et important pour les mœurs des Arabes. Apographe de Moḥ. I. Yeśbok el-Yûsufî, en 918 (v. n°. 49). Avec l'Iǵâza d'Ibrâhîm I. ʿAlâ el-Qalqaśendî. Ecriture distincte, avec vocalisation, surtout dans les vers. 22 pages; petit format.

55 Même auteur.

فضل عَشْر ذي الحجّة.

Sur l'excellence du jour de fête après le jour du pèlerinage. Même apographiste que le n° 66, de l'année 1189. 7 pages.

56 Moḥ. Abû el-Barakât Mariʿî, connu sous le nom d'I. ʿAsâkir el-Brullusî.

سَنَد. (v. n°. 40).

Autographe de l'auteur, avec une Iǵâza de son śeyḫ, Ibrâhîm I. ʿOmar el-Biqâʿî eś-Śâfiʿî, de l'année 838. Ecriture très lisible. 16 pages; petit format.

57 Ibn Meśśîś.

شرح الصلاة المشيشيّة.

Prière fort connue parmi les savants, qui acquièrent, par sa vertu, la facilité d'approfondir les sciences. Minute de l'auteur avec de nombreux taḫârîǵ [1]). Ecriture soignée. 27 pages.

58 ʿAbd el-Dâim er-Raśîdî el-Mâlikî.

سَنَد.

Autographe de l'auteur, de l'année 1148, avec son Iǵâza pour son élève Ǵumal el-Idkâwî. On observera que l'auteur a lui-même écrit l'Iǵâza. Grosse écriture distincte. 7 pages.

59 Moḥ. el-Ibrâśî el-Miṣrî.

فضائل ليلة النصف من شعبان.

Minute de l'autour, de l'année 1250. Petite écriture, mais très lisible. Nombreux taḫârîǵ. 8 pages.

60 Śehâb ed-dîn Aḥmad I. Moḥammad el-Azharî, connu sous le nom de Beǵânikî.

اللفظ المحرّر في اعمال الرُبع المسطّر.

Traité d'astronomie. Apographe d'el-Ǵabartî, le célèbre historien, de l'année 1185. Ecriture correcte. 7 pages.

---

1) Les تخاريج sont les additions ou corrections à la minute originale; elles se trouvent à la marge et portent toujours à la fin le mot صح.

61 ᶜAbd er Raḥmân el-Ǵabartî, l'historien.

مدّة دخول الفرنسيس بمصر.

Minute de l'illustre auteur, de l'année 1217. Ouvrage important pour l'histoire de l'expédition française en Egypte (v. notre Cat. périd. I, nº. 76). Avec des taḫârîǵ. Ecriture soignée. 49 pages.

62 ᶜAbd el-Ṛanî en-Nâbulsî.

المقاصد الممحّصة في بيان كيّ الحمّص.

Pour se guérir du rheumatisme et de quelques autres maladies, les Orientaux, ainsi que les Bédouins, ont l'habitude de placer un pois chiche sur certaines parties des jambes et des bras, et le couvrent d'une feuille de lilas de Perse, de figuier ou de blette. Ce pois ronge, et engendre une suppuration. On le change tous les jours, ayant soin de bien laver la plaie. Le fameux mysticien discute dans ce petit traité si l'individu, ainsi affecté de suppuration, est معذور, ou s'il est assujetti à l'ablution. Apographe de Ḥasan el-Ǵabartî, père du précédent. Ecriture distincte. 4 pages; petit format.

63 Aḥmad el-ᶜAǵamî,

ثَبْت.

Sur différents sujets. Sans Iǵâza. Un de ses šeyḫ était ᶜAbd el-Qâdir el-Baṛdadî. (v. nº 24). L'auteur jouit en Orient d'une grande réputation, que partage avec lui son fils (nº suivant). Minute de l'auteur, en belle écriture, couverte de taḫârîǵ et de šaṭb (ratures). 56 pages.

64 Šehâb ed-dîn Aḥmad I. Aḥmad el-ʿAǵamî († 1086).

ثَبْت.

Sur differentes sujets. Sans Iǵâza. Il a étudié chez le šeyḫ Moḥ. Sarî ed-dîn eḍ-Ḍanîrî en 1069, comme il le dit lui-même à la fin de son traité. Minute de l'auteur. Jolie écriture fort soignée, souvent vocalisée. 48 pages.

65 Saḫâwî (lequel?)

رسالة في افضليّة خديجة على عائشة.

Apographe d'I. Aḥmad el-ʿAǵamî. Ecriture lisible, quelquefois vocalisée. 8 pages.

66 el-Muʾammal I. Ihâb.

احاديث ابي عامر الجُهَني.

La riwâya est de Muṣṭafâ eṭ-Ṭâʾî, d'après el-Murtaḍâ. L'apographe, de l'année 1189, est de celui-là, avec l'Iǵâza d'el-Murtaḍa. C'est donc une mašyaḫa. Ecriture taʿliq. 14 pages.

67 Aḥmad I. Ḥaǵar el-ʿAsqalânî.

زَجْر المُجرِم عن سبّ المسلم.

Traité sur la défense de blasphémer une personne absente. Le même apographiste que le n⁰ 66, de l'année 1189. 7 pages.

68 Ḥasan I. Umm Qâsim el-Morâdî en-Naḥwî.

رسالة في الجُمَل التي لها محلّ من الإعراب.

Copie faite par Moḥ. el-Ṛamrî, de l'année 1114. Ecriture correcte, avec des voyelles. 6 pages.

69 Aḫmad en-Naḫlî el-Mekkî.

Iĝâza pour son élève Moḥ. el-Ṛamrî, qui en a fait l'apographe en 1121. 4 pages.

70 Moḥ. I. Yûsuf es-Sanûsî.

شرح حديث المعدة بيت الداء.

Cette tradition complète est المعدة بيت الداء والحِمْية بيت الدواء. Apographe d'el-Ṛamrî, de l'année 1114.— Jûsuf I. Ḫâlid el-Qaḥṭânî el-Bisâṭî el-Mâlikî. الايضاح والإرشاد في حلّ ما اشتبه بنسبة الناقة في بانت سُعاد. Copie d'el-Ṛamrî, même année. Ecriture lisible et souvent vocalisée.

71 Contient deux رسائل, écrites de la main de ʿAbd er-Raḥmân eś-Śeyḫûnî: 1° Abû el-Qâsim Sleymân I. Aḥmad I. Eyyûb eṭ-Ṭabarânî.

ثُلاثيّات المُعْجَم الكبير.

Les traditions extraites du grand ouvrage de Tabarânî et transmises par lui en troisième degré; 2° *même auteur*. الرباعيّات. Traditions de quatrième degré, rapportées du même ouvrage. El-Murṭaḍâ a ici donné son Iĝâza autographe à ʿAbd er-Raḥmân eś-Śeyḫûnî, en 1189. Ecriture lisible. 34 pages avec des notes marginales.

72 es-Seyyid el-Murṭaḍâ ez-Zabîdî, l'auteur de TA († 1205).

المُربّي الكابِلي فيمن روى عن الشمس البابلي تخريج الشيخ السيد الخ.

Traditions. Eś-Śams el-Bâbilî († 1205) était un traditionniste fort considéré (v. Ǵabartî, Hist. Vol. II, p. 196, 210). Au titre de ce livre, on reconnait que l'auteur était du Ḥégâz, où „la confiture de Kâbul", importée toute faite des Indes, est une grande gourmandise. Minute de l'auteur, de l'an 1183, avec des notes marginales et des taḫârîǵ. 37 pages.

73 Contient: 1⁰ Iǵâza pour l'élève d'el-Murṭaḍâ, Moḥ. el-Emîr. Autographe de celui-là, de l'année 1204, avec son cachet. 2⁰ Iǵâza pour le même, donnée par ᶜAbd el-Minᶜim el-Ǵarǵâwî et écrite de sa main; 3⁰ Iǵâza pour le même M. el-Emîr, écrite de sa main, et contre-signée du صح de son śeyḫ Slêmân I. Ṭâḥâ el-Horeyṯî, en 1189. († 1199). 18 pages.

74 Recueil d'Iǵâza, toutes écrites de la main de Slêmân I. Ṭâḥâ el-Ikrâśi el-Horeyṯî (v. n⁰ précédent) et pour lui, avec le certificat de son maître, el-Murṭaḍâ. En outre, trois Iǵâza pour ᶜAlî I. ᶜAbd Allâh I. Aḥmad el-ᶜAlawî, écrites par lui et vidimées par el-Murṭaḍâ, de l'année 1189. 18 pages.

75 Abû Ṭâhir Aḥmad I. Moḥ. es-Silafî.

الجزء التاسع من ابحاث الشيخ السِلَفي.

Traditions. Maśyaḫa apographe de ᶜAbd el-Ǵelîl I. Moḥ. I. Taṛrî, de l'année 631. Contient: 1⁰ une Iǵâza pour Abû Bekr ᶜOmar I. ᶜA. A. el-Ḥoseynî, de l'année 654, sans صح; 2⁰ Iǵâza pour ᶜAbd er-Raḥ. I. Yûsuf I. eṭ-Ṭofeyl de Moḥ. I. ᶜAbd el-ᶜAẓîm I. ᶜAbd

el-Qawî el-Munḏirî, avec son ص‌ح. Ecriture distincte.
26 pages.

76 *Même auteur.*

الجزء الخامس من كتاب السلفيّ.

Traditions. Maśyaḫa apographiée par eṭ-Ṭaṛrî. Iǵâza
pour ʿAbd er-R. I. Yûsuf I. Hibat Allâh I. eṭ-Ṭofeyl, vidimée par Moḥ. I. ʿAbd el-ʿAẓîm el-Munḏirî.
Ecriture très correcte, souvent vocalisée. 14 pages.

77 Abû Bekr I. Aḥm. I. Sleymân el-Aḏraʿî.

رسالة في حكم من تكلّم بالكفريّات.

Autographe de l'auteur. Grosse écriture soignée, souvent
vocalisée. 16 pages.

78 El-Qâḍî Abû el-Ḥoseyn ʿAlî el-Ḥilaʿî.

الجزء الثامن من الفوائد المنتقاة.

Traditions. Masyaḫa écrite par Abû Bekr el-Balḫî,
en 626, dont l'Iǵâza a été vidimée par Ḥasan I. Yaḥyâ I. Ṣabbâḥ el-Miṣrî el-Maḫzûmî, en 627. Celui-
ci y a aussi donné une seconde Iǵâza à ʿAlî I. el-Muẓaffar I. el-Qâsim en-Niśî, en 627. Il y a encore
deux autres Iǵâza, mais sans valeur, vu que le صحيح
du Śeyḫ y manque. Ecriture soignée. 22 pages.

79 Même auteur.

الجزء التاسع من الفوائد المنتقاة.

Pour le reste semblable au précédent, avec les mêmes
Iǵâza. Egalement autographe d'el-Balḫî, ainsi que les
2 numéros suivants. 35 pages.

80 Même auteur.

الجزء العاشر من الفوائد المنتقاة.

Comme les deux précédents, avec une Igâza en plus d'Ibr. I. ᶜAfîf ed-dîn I. Isḥâq el-Âmidî pour Slêmân I. Yûsuf. I. Mufliḥ el-Maqdisî, de l'année 771. 32 pages.

81 Même auteur.

الجزء الحادي عشر من الفوائد المنتقاة.

Comme nº 78. 28 pages.

Les numéros suivants, jusqu'à la ligne transversale, sont écrits de la main du fameux traditionniste Aḥmed I. Ḫalîl. I. Aḥmad. I. el-Labbûdî el-Aṯarî en 867. Ecriture distincte et nourrie, mais manquant souvent de points diacritiques; rarement vocalisée.

82 el-Ḫâfiẓ ᶜAbd er-Raḥîm er-ᶜIrâqî.

سبعة مجالس من امالي الحافظ الخ.

Traditions. Un tel recueil, de la main d'un savant pareil, est chez les Orientaux considéré comme un ثَبْت et n'a pas besoin de صحيح (v. nº 40). 27 pages.

83 Abû Bekr M. I. ᶜAbd A. I. el-Muḥibb.

الاربعون الحديث المحبّبة.

28 pages.

84 Inconnu.

كتاب في الكُنَى.

25 pages.

85 ʿAbd er-Raḥîm I. ʿAbd el-Karîm es-Samʿânî.

احاديث واخبار واشعار.

Ce sont plutôt des extraits des livres d'es-Samʿânî faits par el-Labbûdî. 19 pages.

86 Abû ʿOmar ʿAbd el-Wâḥed I. Moḥ. I. Mahdî.

Traditions, sur l'autorité d'Abî ʿA. A. Moḥ. I. Maḫlad. 21 pages.

87 Qâsim I. Moḥ. I. Yûsuf el-Birzâlî.

الاحاديث العوالي.

Traditions, sur l'autorité de Umm ʿAbd Allâh Zeynab bint Aḥmad I. ʿAbd el-Wâḥid el-Maqdisi (v. n° 93). 30 pages.

88 I. Ḥağarʾ el-ʿAsqalânî.

اربعون حديثا عن اربعين شيخا شاميين.

Les 40 traditions, sur l'autorité d'Abû Bekr el-Marâṛî el-Madanî el-ʿOṯmânî. 44 pages.

89 Abû el-Qâsim Aḥmad el-Ḫiraqî.

الفوائد المنتقاة.

Traditions, sur l'autorité de ʿAlî et-Tanûḫî. 28 pages.

90 Abû el-Fatḥ Moḥ. I. el-Ḥoseyn el-Azdî.

رسالة في من وافق اسمُه اسمَ ابيه.

parmi les ṣaḥâba et les tâbiʿîn. 15 pages.

91 El-Ḥâfiẓ Abû ʿA. A. el-Ḥoseyn I. Aḥm. I. Bokeyr.

في فضائل من اسمه احمد او محمد.

Ce qui ne s'applique pas seulement au Prophète, mais à l'excellence de ces deux noms en général. 10 pages.

92 Abû ʿAbd Allâh eṣ-Ṣûrî.

جزء من انتخاب الصوريّ.

Traditions, sur l'autorité d'Abî el-Ṛanâim Moḥ. I. ʿAlî I. Meymûn en-Nirsî. 14 pages.

93 Moḥammad I. ʿAbd el-Wâḥid el-Maqdisî.

جزء فيه طُرق حديث "من امسك شيطانا او جنّيّا".

Explication de la dite tradition. 23 pages.

94 Même auteur.

فضائل القرآن وثواب من تعلّمه وعلّمه.

44 pages.

95 Walî ed-dîn Abû Zurʿa Aḥm. I. el-Imâm ʿAbd er-Raḥ. el-ʿIrâqî.

اربعة مجالس من امالي ابي زُرْعة.

Traditions. 6 pages.

Les numéros suivants, jusqu'à la ligne transversale, sont également des copies faites par el-Lubbadi. Petit format.

96 el-Ḥâfiẓ Moḥammad I. Aḥmed ed-Ḍahabî.

مَشْيخة ابن عطّاف.

12 pages.

97 El-Ferazdaq.

قصيدة الفرزدق في عليّ زين العابدين.

Avec beaucoup d'Iǵâza. Cette jolie qaṣîda est toute vocalisée. 14 pages.

98 I. Ḥaǵar el-ʿAsqalânî.

البَسْط والمبثوث في خبر البُرغوث.

13 pages.

99 Aḥmad el-Labbûdî.

جزء فيه حديث المصافحة.

6 pages.

100 Abû Bekr Moḥ. I. Ḫalaf el-Marzubân.

جزء فيه اخبار منتقاة من كتاب الهدايا لابن مرزبان.

18 pages.

101 Śéhâb ed-dîn ʿAbd el-Ḥalîm I. Teymî.

تخميس وابيات السُهَيلي.

5 pages.

102 Abû ᶜOṯmân Ismâᶜîl I. ᶜAbd er-Raḥ. eṣ-Ṣâbûnî.

احاديث منتقاة من كتاب المائتين لابن الصابوني.

15 pages.

103 el-Ḥâfiẓ ᶜAbd el-ᶜAẓîm el-Mundirî († 656).

مجلس في صوم يوم عاشوراء.

9 pages.

104 el-Qâḍi Abû ᶜA. A. Moḥ. I. ᶜAlî el-Ǵallâbî.

جزء فيه احاديث ابن الجلّابي.

14 pages.

105 Moḥ. I. ᶜArabśâh el-Hamadânî.

قصيدة ابن خطيب زَمْلكان.

4 pages.

106 Aḥmed I. Ḥaǵar el ᶜAsqalânî.

منتخب من الجزء الثالث من حديث احمد بن خُزَيمة

13 pages.

107 Ḥodeyfa I. Saᶜd el-Wazzân.

جزء فيه مجلس من امالي الحسين بن عبد الملك.

23 pages.

108 el-Ḥâfiẓ Abû Bekr Aḥmad I. el-Ḥuseyn el-Beyhaqî.

كتاب في حياة الانبياء في قبورهم.

14 pages.

109 Aḥmad el-Labbûdî.

تلخيص من ثبت ابن جماعة الكناني.

11 pages.

110 el-Imâm el-Biqâʿî (?)

فهرست تآليف الامام البقاعي.

9 pages.

111 *Inconnu.*

جزء فيه حديث اعمار أُمّتي ما بين الستين الى السبعين.

10 pages.

112 Abû ʿA. A. Moḥ. I. Maḥm. I. en-Naǵǵar.

جزء فيه اخبار و حكايات واشعار.

9 pages.

113 Abû Ṭâlib el-ʿAśarî.

جزء فيه اعتقاد الامام الشافعي.

7 pages.

114 *Inconnu.*

المنتخب من فوائد جعفر الثَقَفي.

10 pages.

115 *Inconnu.*

فهرست مصنّفات الامام السيوطي.

16 pages.

116 Tâǵ ed-dîn es-Subkî.

شرح قصيدة تاج الدين السبكي في الالغاز.

11 pages.

117 Aḥmed el-Labbûdî.

منتقاة من السفينة البغدادّية للحافظ السِلَفي.

Avec une Iǵâza autographe de Ḫalîl I. ʿAbd el-Qâdir el-Ǵaʿbarî, le commentateur d'eś-Ś'âṭibîye.

12 pages.

118 *Même auteur.*

احاديث منتقاة من فوائد من حسين الحنّاءيّ.

7 pages.

119 *Même auteur.*

مصنّفات شيخ الاسلام احمد بن حجر العسقلاني.

11 pages.

---

120 *Inconnu.*

رسالة في انساب رجال الحديث.

16 pages.

121 el-Ḥâfiẓ Abû el-Ḥaǵǵâǵ.

مُنتقَى من مشيخة الحافظ ابي الحجّاج.

Avec 1° une Iǵâza pour Moḥ. I. Aḥm. I. ʿOṯmân ed-Ḏahabî, écrite de sa main, et délivrée pas son śeyḫ, I. eṭ-Ṭâhirî, de l'année 738; 2° Iǵâza d'ed-Ḏahabî pour Hamza I. ʿOmar I. Aḥmad el-Hukârî, qui l'a écrite en 742. Autographe d'ed-Ḏahabî. 13 pages.

122 el-Qâḍî abû ʿAbd Allâh eḍ-Ḍabbî.

امالي الضبّي.

Apographe du même eḏ-Ḏahabî, de l'année 692, avec son Iǵâza autographiée: 1° pour le même el-Hukârî, ensemble avec dix autres śeyḫ, parmi lesquels le fils d'eḏ-Ḏahabî, ʿAbd er-Raḥmân, et Aḥmed I. Munîf ez-Zaraʿî; 2° pour plusieurs mustaǵîzîn. 12 pages.

Tous les numéros, à partir de n°. 81, sont de petits bijoux de netteté, d'exactitude et, le plus souvent, aussi de contenu.

123 Śeyḫ Moḥ. el-ʿAzîzî el-Maṣrî.

اجازة الشيخ عبد الرحمن الحنبلي الوهابي.

Le petit fils du fameux fondateur de la secte des Wahhâbites reçoit ici une Iǵâza, écrite de la main du savant Egyptien M. el-ʿAzîzî, en 1242. Gros caractères distincts. 8 pages.

124 Mohammad I. ʿAbd el-Wahhâb en-Neǵdî.

Contient quatre رسائل: 1° في حكم احوال القبر و الحشر والنشر; 2° في حكم الغِيبة والنميمة والفِتَن التي تحدث في اول الاسلام; exposition des traditions à ces sujets; 3° في حكم كتم في حكم خلق الله السموات والارض; 4° الغيظ و الحلم. Les titres ne s'y trouvent pas ainsi; nous les avons donnés selon le contenu. *Autographe de l'auteur*. Avec des notes marginales, mais sans ratures. 166 pages.

125 *Même auteur.*

رسالة في مبحث الاجتهاد والتقليد والخلاف فيهما.

L'exposition de la différence fondamentale entre les Wahhâbites (el-Iǵtihâd) et les Sunnites (et-taqlîd). *Autographe de l'auteur.* 40 pages.

126 *Même auteur.*

العقائد الوهّابيّة.

Le livre, assez connu dans le Ḥeǵâz, traite de cette matière, mais ne porte pas de titre. *Autographe de l'auteur.* 16 pages.

Le célèbre fondateur de la secte des Wahhâbites, qui s'appellent eux-mêmes الموحّدين, était un savant de grande distinction. Il composa des livres dans presque toutes les branches. Ce sont les Turcs qui, voyant d'un mauvais œil l'extension de la puissance Wahhâbite, ont fait avoir aux partisans de Moḥ. I. ʿAbd el-Wahhâb une renommée qu'ils ne méritent nullement. Les Ḥeǵâziens les considèrent beaucoup et épousent même leurs femmes. La différence fondamentale entre les Wahhâbites et les Sunnites est que ceux-là sont مجتهدين, c'est-à-dire, qu'ils veulent interpréter eux-mêmes le Qorân sans s'en tenir aux commentaires des exégètes orthodoxes. Comme fils sans mélange de l'Arabie et dépositaires de la langue du Prophète, ils se reconnaissent la faculté de mieux pénétrer le sens du Qorân que les autres. C'est justement à cause de cela que les Sunnites craignent bien un peu que cette libre interprétion ne puisse aboutir à un chisme. *Cela n'a pas eu lieu encore*, car ils prient tous les deux derrière le même Imâm, ce qui n'est point le cas avec la Šîʿa. La valeur des numéros précédents n'échappera à personne. Il faudrait réunir les documents concernant les Wahhâbites pour élucider leur croyance, leurs mœurs, à présent imparfaitement connues, grâce au peu de véracité et de connaissance de quelques voyageurs.

127 ʿAḥmad I. ʿAbd es-Salâm I. Teymîya el-Ḥarrânî.

في النجاسات المعفوّة.

Sur l'impureté qui ne nécessite pas d'ablution. *Apographe de* Mohammed I. ʿAbd el-Wahhâb. 20 pages.

128 el-Qorân.

La troisième section: تِلْكَ الرُّسُلُ.

Les اعشار (en lettres kûfiques) et les فواصل sont dorés et joliment agrémentés. Ecriture yâqûtî de toute beauté. Elégant frontispice doré. Les variantes sont inscrites en rouge à la marge. 81 pages.

129 *Le même.*

Contient: el-Fâtiḥa, Sûrat el-Anʿâm; S. el-Kahf; S. Sabâʾ; S. Fâṭir. Ecrit de la main de ʿAbd Allâh eṣ-Ṣeyrafî en 700. Les en-têtes sont artistiquement exécutés en couleur et or. Une ligne noire alterne avec une autre dorée. Les cadres sont en plusieurs couleurs. Les fawâṣil et les Aʿšâr sont en or; les aḫmâs en bleu. Ecriture yâqûtî. Relié en soie verte.

130 Manṣûr el-Manṣûrî el-Ḥanafî.

رسالة في حكم التبليغ خلف الامام.

Règlement de procédure pour celui qui indique aux

priants par des phrases conventionnelles les mouvements de l'imâm. Autographe de l'auteur, de l'année 1090. 8 pages.

Les numéros suivants, jusqu'à la ligne transversale, sont écrits par Moḥammad. I. Ṭûlûn eṣ-Ṣâliḥî el-Ḥanafî. Ils appartiennent au même recueil, ainsi qu'on lit dans le premier volume. Petits caractères, mais lisibles. Petit format.

131 Abû el-ᶜAlâ el-Moᶜarrî.

رسالة في التصريف.

Collationné. 8 pages.

132 Muḥammad I. Ṭûlûn eṣ-Ṣâliḥî el-Ḥanafî.

رسالة في شرح المسائل الملقّبات.

42 pages.

133 *Même auteur.*

الاسئلة المعتبرة والاجوبة المختبَرة.

Recherches sur différents sujets. 55 pages.

134 *Même auteur.*

الالمام في شرح الاستفهام.

Sur les interrogatifs. 6 pages.

135 *Même auteur.*

فتح القدير في التأنيث والتذكير.

Excellent traité sur le genre. 18 pages.

136 *Même auteur.*

مِنْحة الافاضل في ما تنازع فيه العامل.

7 pages.

137 *Même auteur.*

تشنيف السامع في علم حساب الاصابع.

4 pages.

138 *Même auteur.*

اتحاف النبهاء بنحو الفقهاء.

12 pages.

139 *Même auteur.*

مناظرات بين الزّجاج وبين ثعلب.

Les deux grammairiens. 5 pages.

140 *Même auteur.*

التلويحات في الوجود الذهني والخارجي.

12 pages.

141 *Même auteur.*

المناسبات بين الاسماء والمسمّيات.

29 pages.

142 *Même auteur.*

الاربعون حديث الطولونيّة.

50 pages.

143 *Même auteur.*

ضرب الحُوْطة على جميع الغُوْطة.

Description de la Rûṭa et de ses villages, et exposé de ce qu'elle a fourni en fait d'hommes remarquables. Bon ouvrage. 8 pages.

144 *Même auteur.*

تاريخ اخذ الافرنج بيروت وصيدا.

Commentaire sur une poésie de Ibrâh. I. Ṣârim de-dîn eṣ-Ṣeydâwî à ce sujet. 29 pages.

145 *Même auteur.*

تحفة الحبيب باخبار الكثيب.

Recherches sur le lieu de sépulture de Moïse; écrit en 936. Ouvrage intéressant. 23 pages.

146 *Même auteur.*

الحاوي لطُرَف من التأويل على طرف من التنزيل

Explication de quelques versets qorâniques. 82 pages.

147 Ibn Hiŝâm el-Anṣârî.

نشر شذا في مسئلة كذا.

Explication du mot كذا. 5 pages.

148 el-Kamâl I. Abî Ŝerîf.

شرح الحديث "ليس في الإمكان ابدع ممّا كان„.

100 pages.

149 Ismâ'îl el-Emîr el-Yamanî. (mort vers le fin du siècle passé).

رسالة في مدّة عمر الدنيا.

Autographe de l'auteur, difficile à lire. 9 pages.

150 Moḥ. I. ʿAlî eš-Šaukânî el-Yemânî. († 1247).

فتح الخلّاق في جواب مسائل العلامة عبد الرزّاق.

Minute de l'auteur. 19 pages.

151 Mowaffaq ed-dîn I. Qodâma. († 720).

مناظرة بين الحنابلة والشافيّة.

Fort belle et très ancienne écriture, avec des voyelles. 14 pages.

152 Abû el-Ṛanâim Saʿîd I. Slêmân el-Kindî el-Kûfî.

معارف القلوب وكواشف الغيوب.

Traité soufique. Bel apographe de Moḥ. I. Berrî, de l'année 878. 8 pages.

153 Moḥ. El-Emîr el-Mâlikî († 1185).

حاشية الشنشوري في علم الفرائض.

Autographe de l'auteur (tout?), avec une note autographe du šeyḫ Ḥasan el-ʿAṭṭâr, šeyḫ de la mosquée el-Azhar. Ecriture assez bonne. 64 pages.

154 Ǵemâl ed-dîn ʿAbd er-Raḥîm I. Ḥasan el-Asnawî († 772). v. Ḥ. Ḫ. s. art.

طراز المحافل.

Ecriture un peu négligée, mais assez lisible. La première feuille manque. Apographe de l'élève de l'auteur, ʿA. A. I. Moḥ, I. Ḫalîl el-Aḏraʿî, en 770. 190 pages.

155 Tâǵ ed-dîn I. Aḥmad el-Anṣârî.

تطبيق المحو بعد الصحو على قواعد الشريعة والنحو

Philosophie soufique. المحو est l'apathie complète où se laisse tomber le soufî par comble d'adoration. Autographe de l'auteur. Ecriture correcte. 9 pages.

156 Aḥmed I. Ḥînû el-Ḥanafî el-Mekkî.

رسالة في البيّنات.

Appréciation de la valeur des témoignages. Minute de l'auteur, de l'année 1085. Style coulant et sans affectation, comme l'ont presque tous les Ḥeǵâziens. 2 pages.

157 Zeyn ed-dîn ʿAbd ed-Dâim el-Azharî (?)

مختصر من شرح العلامة ابي القاسم النويري على طيّبة النشر المنظومة في القرآت العشر.

Le šeyḫ de l'auteur est Abû el-mawâhib, muftî des Ḥanbalites, qui l'ordonna de faire cet abrégé en 1098. Le titre du livre de Šams ed-dîn el-Ǵazarî est donné dans cet ouvrage tel qu'on le lit ici. Ecriture lisible. Le matn, en encre rouge, est tout vocalisée. Autographe de l'auteur, avec de nombreuses notes et additions marginales. 96 pages.

158 Quṭb ed-dîn er-Râzî et-Taḥtânî († 766).

لوامع الاسرار شرح مطالع الانوار.

L'ouvrage d'el-Armawî (c'est ainsi qu'on prononce toujours en Orient, comme l'éthnique d'Arménie) ainsi que le commentaire de notre auteur ne sont pas rares dans les bibliothèques de l'Europe, mais nous ne croyons pas qu'il y en ait un exemplaire plus parfait sous tous les rapports que celui-ci. Il fut composé pour Ṛiyâṯ ed-dîn, le wezîr, ainsi que le dit l'auteur lui-même. Il n'est pas de doute que notre exemplaire ne soit justement celui qui fut présenté au célèbre wezîr, protecteur des lettres. Au point de vue de l'exécution matérielle, c'est un chef-d'œuvre. Le frontispice (لوحة), de deux pages, est d'une finesse extrême, ainsi qu'on peut s'en convaincre en regardant le *fac-similé* que nous en donnons ici. C'est là l'œuvre du relieur, Moḥibb Allâh, qui y a mis toute sa science et sa verve poétique, témoin les vers suivants:

لوامعْ اَشْرَقَ الآفاقَ طَلْعتُها اذ نوَّرتْ كلَّ علم ايّ تنوير
فذلك القُطْبُ بين الكُتْب قاطِبةً كما مصنِّفه قُطْبُ النحارير

Les lignes perpendiculaires sont en prose:

لازال مَطالعَ لِمطالَعاتِ من آستنارَ الفضلُ بطوالع جلالهِ
واستضاء المجدُ بلوامع كمالهِ المرتضى الاعظمِ السيدُ
محبُّ الله رفع الله منارَ علمهِ وتقواه

Le copiste, s'appelle ʿAlî er-Riḍâ. Il s'est merveilleusement acquitté de sa tâche, en 755. Ecriture taʿlîq très facile à lire. La marge, entre deux bordures dorées, est très large et contient un commentaire dont l'auteur est Šams ed-dîn Abû eṯ-Ṯanâ' el-Isbahânî († 749) mais qui n'arrive qu'au chapitre في اقسام القضية, soit un quart du livre. Reliure moderne en soie verte.

159 ʿOmar I. ʿAlî et-Ṭaḥlâwî.

رسالة في تفسير قوله تعالى "انما يعمر مساجد الله„

[Qor. IX, 18].

L'auteur illustre explique ce verset, qu'on prend

toujours pour thème d'une oraison, lorsqu'une nouvelle mosquée est consacrée. C'est ici l'oraison à l'occasion de la consécration d'une mosquée de Stambûl, construite par le Sultan Maḥmûd, en 1126. Autographe de l'auteur. 15 pages de bonne écriture.

160 el-Afqahsî.

الانوار الفائحة في شرح الفاتحة.

Les premières 66 pages manquent. Ecrit en 788 par Aḥmed I. Moḥ. el-Ḫaṭîb et-Ṭûḫî. Avec une Igâza de ʿOṯmân I. Moḥ. I. Nâṣir ed-Diyamî, pour Moḥ. I. el-Moʿallim, surnommé el-Moraḫḫim, de l'année 865. Dans une autre Igâza il est dit: قرأت هذا الكتاب على الشيخ عثمان الديمي وهو يرويه عن المؤلف. Ed-Diyamî a donc vu l'auteur. Ecriture distincte et lisible. 246 pages.

161 eś-Śerîf ʿAlî es-Samhûdî el-Ḥasanî el-Madanî.

دُرَر السموط في ما للوضو من الشروط.

Apographe de son élève Moḥ. el-Kâzarûnî el-Madanî, en 895. Le colophon en est: وكان الفراغ من تاليفه في الليلة الاولى من جماد الاول عام احد وتسعين وثمانماية بمنزله بباب الرحمة من المدينة الشريفة. Ce qu'il y a de plus curieux, c'est que la même maison existe encore à el-Medîna, et qu'elle est encore habitée par la famille de l'historien si connu d'el-Medîna. C'est là une famille où la science et l'étude étaient héridítaires, et qui s'est toujours distinguée parmi les savants. Il n'en reste aujourd'hui que quatre filles. Ecriture très-correcte. 30pages.

162 *Inconnu.*

(Qor. VII, 188) مبحث آية : لو كنت اعلم الغيب.
Autographe de l'auteur. Commencement défectueux. 9 pages.

163 ʿAbd Allâh eṣ-Ṣuṛeyyir, surnommé Swêdân.

الجواهر السنية في شرح السَنوسيّة.

Son šeyḫ mourut en 1170. Minute de l'auteur. La fin manque. 20 pages.

164 Mollâ Ǵâmî.

حاشية على تفسير سورة الانعام من البيضاوي.

Le titre est écrit de la main de Saḫâwî († 902). Très jolie écriture un peu petite. 66 pages.

165 Moḥ. I. Abî Fetḥ eṣ-Ṣûfî el-Miṣrî.

تعريب مقالات زيج الغ بيك.

Traduction des tables astronomiques d'Oluṛ Bek. Cet exemplaire a été collationné et les tables ont été faites par Ramaḍân el-Ḫawânkî el-Muneǵǵim, qui y a ajouté des notes marginales, ainsi qu'el-Ǵabartî, père de l'historien et astronome lui-même [pp. 6, 33]. Ecriture fort correcte. Bel exemplaire de 89 pages.

166 Riḍwân Efendî el-Miṣrî el-Muneǵǵim († 1142).

الزيج لعرض مكة.

Tables astronomiques à l'horizon de Mekka. Autographe de l'auteur. 12 pages.

167 Śehâb ed-dîn Aḥmed I. Tâǵ ed-dîn, muwaqqit du Sanctuaire d'el-Medîna.

السراج الوهّاج في اعمال الازياج.

Sur l'art de composer des tables astronomiques. Autographe de l'élève de l'auteur, Ḥuseyn I. Śâmî el-Heytârî el-Madanî, de l'année 1071; il n'a fait que coucher sur papier le cours du maître. Ecriture lisible. 123 pages.

168 Abû Bekr Moḥ. I. ᶜAbd el-Melek I. Zohr el-Andalusî († 595).

كتاب الاغذية.

Ouvrage, très considéré en Orient, enseignant comment on doit préparer la nourriture selon les préceptes de la médecine. Ecrit en 584. Ecriture maṛribî vocalisée.

169 Abû ol Qâsim Ḫalaf I. ᶜAbbâs el-Zahrâwî el-Andalusî († 500).

الجزء الثاني من كتاب الزهراوي في علم الطبّ والتشريح وفي الجراحات وغير ذلك.

C'est dommage que nous n'ayons que le second volume de cet ouvrage curieux et important. Il contient *plus de 125 figures coloriées d'instruments chirurgiques* et des places vides pour d'autres. Ecriture nesḫî fort jolie et distincte, souvent vocalisée. Exemplaire collationné. La fin manque. 291 pages. Sans date, mais, à en juger à son *habitus*, il paraît être du sixième siècle de la H.

170 Aḥmed es-Sanǵarî.

تركيب الافلاك.

Composé pour ʿAḍud ed-Daula I. Boweyh. Apographe d'Aḥmed I. ʿA. A. et-Tastorî, en 846, avec nombre de planisphères. L'auteur commence par l'explication des termes astronomiques. Contient encore: Śehâb ed-dîn el-Maqtûl es-Sahrawardî († 587). التلويحات في علم ما بعد الطبيعة. Ce dernier ouvrage finit brusquement à la cinquième page, après laquelle viennent trois feuilles en persan sur la géographie. On y voit une carte fort intéressante représentant le monde connu avant le temps ou du temps d'et-Tastorî, qui a également copié cette partie. Ecriture souvent difficile à lire. 37 pages.

171 Moḥ. I. ʿAbd Allâh er-Raśîdî el-Miṣrî.

تحفة الرمان في علم القبّان وهي منظومة.

Traité sur la romaine (aussi رمّانة en arabe). Autographe de l'auteur, mort au Soudân en 1295. Avec des notes marginales. 3 pages.

172 Emîm ed-dîn Mobârak I. ʿAbd Allâh el-Libnânî.

الاربعون الحديث عن ثلاثين شيخا.

Apographe collationné de l'élève de l'auteur, Moḥ. I. Ṭarrîl, de l'année 727. Avec deux Iǵâza: 1⁰ de l'auteur pour Ibr. I. Moḥ. es-Safâqisî, de l'année 737; 2⁰ même muǵîz pour ʿA. el-ʿAzîz I. Moḥ. I. ʿA. el-ʿA. I. el-Moʾaddin el-Baṛdâdî, de l'année 738. Belle écriture neśḫî, souvent vocalisée. 103 pages.

173 Abû el-Futûḥ Moḥ. I. ʿAlî eṭ-Ṭâʾî el-Hamadânî († 555).

الاربعون حديث الطائيّة وسمّاه ايضا الاربعين في إرشاد الحائرين الى منازل المتقين.

Avec une Iǵaza autographe de Abû Moḥ. Yûnis I. Yaḥyâ el-Hâšimî el-Mekkî pour plusieurs personnes, parmi lesquelles se trouve Aḥmed I. ʿAlî I. Moḥ. el-Qasṭalânî (autre que le comment. de Boḫârî), écrite en 640, au sanctuaire de Mekka. La doxologie manque. Ecriture nesḫî excessivement correcte et toute vocalisée. Collationné. Ouvrage important qui mérite d'être publié. 102 pages.

174 Abû Bekr Moḥ. I. el-Ḥuseyn el-Aǵrî.

الاربعون حديث الاجريّة.

Sur l'autorité d'Abû Noʿaym Aḥmed el-Iṣbahânî († 430). Apographe d'el-Libnânî (v. nº. 172), de l'année 733. Avec deux Iǵâza de plusieurs savants, dont Yûsef el-Muzzî, pour le même el-Libnânî. Ecriture distincte. Collationné. 76 pages.

175 Taqî ed-dîn Moḥ. I. Aḥmad el-Ḥasanî el-Mekkî, connu sous le nom d'el-Fâsî.

الاربعون الحديث المتباينة الإسناد.

Apographe d'el-Ḥâfiẓ ʿAbd Allâh Abû Bekr Aḥmad I. Sleymân ed-Adraʿî, élève de l'auteur, de l'année 829. Composé en 823. Belle écriture nesḫî, largement vocalisée. Collationné. 39 pages.

176 Aḥmed I. Sâlim en-Nafrâwî el-Mâlikî († 1207).

شرح الاربعين حديثا النوويّة.

La doxologie manque. Minute de l'auteur, avec beaucoup de ratures, de corrections et d'additions marginales, ainsi que des ṭayârât (feuilles volantes). Belle écriture nesḫî, avec vocalisation des vers. 402 pages.

177 Abû el-Ḥasan ʿAlî Ibn Aḥmad I. ʿAbd el-Wâḥed el-Maqdisî.

الاربعون حديثا عن المشايخ العشرين عن الاصحاب الاربعين.

Apographe d'Abû el-Qâsim I. Moḥ. el-Barzâlî, de l'année 684. Avec trois Igâza de l'auteur: 1° pour el-Barzâlî; 2° pour Moḥ. I. Slêmân I. Daûd el-Ǵazarî et Ṣalâḥ Moḥ. I. Aḥmad el-Baʿlabekkî, de l'année 689; elles sont écrites par el-Barzâlî; 3° pour Yaḥyâ I. Moḥ. I. Saʿd el-Maqdisî, qui l'a rédigée en 726. Belle écriture nesḫî. Collationné. 50 pages.

178 *Inconnu.*

كتاب في وصف نعل النبي.

Il y est dit ce qui suit: رسمت هذا التمثال الشريف برسم الماجد محبّ العلماء ابي العبّاس احمد التطاوني واسناد حديث تمثال نعل النبي قال اخبرني ابو اليُمْن عبد الصَمَد بن عساكر قال اخبرني الحسن بن هبة الله قراءةً قال اخبرنا ابو العشائر محمد بن فارس القيسي اخبرنا مكّرم بن حمزة وام فُضَيل كريمة بنت عبد الوهّاب بن الخَضِري القرشيّان قراءةً عليهما والقاضي ابو نصر محمد بن هبة الله اجازةً بسنده المتّصل الى أَنَس: كانت

نعل رسول الله لها قِبالان اخرجه البخاري وقال اخبر
ابرهيم بن سهل قال اخبَرنا ابو يحيى مَيْسَرة قال اخبرنا
اسمعيل بن ابي اوَيْس قال كانت نعل رسول الله صلعم
عند اسمعيل بن ابرهيم المخزوميّ وصلت اليه من قِبَل
جدّته ام كلثوم بنت ابى بكر الصدّيق

A la fin l'auteur dit: هذا مثال وجده السلطان العادل
ابو العبّاس احمد الذهبي عند الشرفاء الصقليّين بفاس
ثم بعد موت السلطان وجد في خزانته وأُخِذ منه النسخ
التي عند الناس

Comment les sandales, qui se trouvaient auparavant chez el-Maḫzûmî à el-Medîna, avaient-elles été transportées chez les nobles Siciliens, réfugiés musulmans à Fâs? Voilà ce que l'auteur a oublié de nous dire. Nous n'avons pas ici affaire à la paire conservée à Stamboûl, et dont la seconde pantoufle fut donnée par le dernier ʿAbbâside, mort il y a quelques années à Mauṣil. Exemplaire artistiquement travaillé avec enluminures, rosaces et fawâṣil dorés. Le *fac-similé* des sandales, en grandeur naturelle, occupe deux pages luisantes d'or. 23 pages d'écriture moṛrabî. A juger au papier, ce livre curieux ne doit pas avoir plus de cent ans.

179 el-Ḥâfiẓ eḏ-Ḏahabî.

المنتقَى.

Traditions. Apographe d'Aḥmad I. ʿA. A. I. el-Moḥibb, de l'année 748. Avec une Igâza de M. I. M. I. Hibat Allâh pour l'apographiste. Belle écriture nesḫî. Collationné. 50 pages.

180 Ḥoseyn I. Moḥ. en-Nîsâbûrî el-Qummî, connu sous le nom d'en-Naẓâm.

كشف حقائق زيج إلخاني.

L'original de ce traité d'astronomie est dû à Ilḫânî, astronome de Holaku I. Ǵenkîz Ḫân. Apographe *persan* de Moḥ. I. Slêmân el-Ustrabâdî, en 872. Bel exemplaire avec enluminures et quantité de figures astronomiques, ainsi que des notes marginales. Ecriture persane distincte. 473 pages.

181 el-Boḫârî.

الصحاح.

Second volume, commençant par كتاب البيوع. Ecrit en 826. Avec une Igâza. Collationné. Notes marginales. Ecriture nesḫî fort jolie et distincte, toute vocalisée.

182 Moḥ. I. Aḥmed el-Andalusî el-Bekrî eś-Śarîśî, († 685).

التعليقات الوفيّة على الدّرّة الالفيّة.

Commentaire sur l'alfîyat d'I. Muʿṭî († 628). Apographe de Moḥ. I. Eyyûb ed-Dimiśqî, élève de l'auteur, de l'année 724. Le commencement, jusqu'à الباب المعرفة, manque. Fort joli nesḫî. 528 pages.

183 el-Ḥâfiẓ Ḍiyâʾ ed-dîn Moḥammad I. ʿAbd el-Wâḥed el-Maqdisî.

فوائد المنتقاة العوالم.

Recueil de مشيخات, sur l'autorité d'el-Maqdisî. Apographe de l'élève de l'auteur, Ismâʿîl I. Ibrâhîm I. Sâlim I. Rakkâb I. Saʿd el-Ḫabbâz, de l'année

637. Ce livre contient un nombre considérable d'Igâza, dont nous ne pouvons citer que les plus intéressantes. 1° احاديث مجتمعة. Avec les Igâza: *a.* d'Ismâ'îl el-Ḫabbâz pour Moḥ. I. ʿAbû el-Fetḥ es-Sulamî et beaucoup d'autres, de l'année 637; *b.* Igâza pour Abû Bekr I. Ibr. I. Ṭâhir el-Qalânişi eṣ-Ṣaqalî, قراءة على والده; *c.* du même pour ʿA. A. I. ʿAlî el-Yunînî (célèbre traditionniste qui a fait la copie la plus considérée d'el-Boḥârî à Mekka), de l'année 692; *d.* du même pour ʿAbd er-Raḥmân I. ʿAlî I. ʿAṭâ' et d'autres, de l'année 771; *e.* d'Ibr. I. Ṭâhir el-Qalânisî pour son fils Abû Bekr; cette Igâza se trouve dans toutes les parties; *f.* d'el-Ḫabbâz pour Aḥmad I. Moẓaffar en-Nâbulsî, de l'année 673; *g.* du même pour el-Qâsim I. Moḥ. I. Yûsuf el-Birzâlî avec d'âutres, de l'année 696 — 2° الجزء الخمسون من الاحاديث المختارة. Avec les Igâza: *a.* d'el-Ḫabbâz pour ʿAlî I. ʿAbd el-Kâfî er-Rabaʿî, de l'année 677; *b.* du même pour ʿAbd er-Raḥmân I. Qodâma avec d'autres, de l'année 655; *c.* d'Abû el-Fetḥ I. Abî eš-Šarîf, sur l'autorité d'Ibn Ḥagar, pour Moḥ. I. Ahmed el-Moẓaffarî, de l'année 922; *d.* d'el-Ḫabbâz pour Moḥ. I. Ziyâd avec d'autres, de l'année 671; *e.* du même pour ʿA. A. I. ʿAlî el-Yunînî, de l'année 671; *f.* du même pour el-Qâsim I. Moḥ. I. Yûsuf el-Birzâlî, de l'année 696 — 3° الجزء الحادي وخمسون الح. Avec les Igâza: *a.* d'el-Ḫabbâz pour ʿAlî I. ʿAbd el-Kâfî er-Rabaʿî (qui l'a écrite), de l'année 698; *b.* de ʿAbd el-Ḫaqq es-Sumbâṭî pour Moḥ. I. Aḥmed el-Moẓaffarî, de l'année 922 — 4° الجزء الثاني وخمسون الح. Avec les Igâza: *a.* d'el-Habbâz pour

ᶜAlî I. ᶜAbd el-Kâfî er-Rabaᶜî, de l'année 668; *b.* du même pour Moḥ. I. ᶜAbd er-Raḥm. I. Ǵubâra, de l'année 662. — 5⁰ الجزء الثالث وخمسون الخ. Avec les Iǵâza: *a.* d'el-Ḫabbâz pour er-Rabaᶜî, de l'année 662; *b.* du même pour ᶜA. A. I. ᶜAlî el-Yunînî; *c.* de ᶜAbd el-Ḥaqq es-Sumbâṭî pour el-Muẓaffarî, de l'année 922 — 6⁰ الجزء الرابع وخمسون الخ. Avec les Iǵâza: *a.* d'el-Ḫabbâz pour er-Rabaᶜî et beaucoup d'autres, *b.* d'es-Sumbâṭî pour el-Muẓaffarî, de l'année 922; *c.* d'el-Ḫabbâz pour Śams ed-dîn Moḥ. I. Ibr. I. Ṛanâim el-Mohendis et Abû Bekr I. ᶜAlî I. Abî Ṭâhir eṣ-Ṣaqalî el-Qalânisî, de l'année 696. — 7⁰ الجزء السادس وخمسون الخ. Avec les Iǵâza *a.* d'el-Ḫabbâz pour Moḥ. I. Ḫaḍr ed-Dimiśqî, de l'année 662; *b.* du même pour el-Yunînî, de l'année 662; *c.* d'es-Sumbaṭî pour el-Moẓaffarî, de l'année 922 — 8⁰ جزء من الموافقات. Avec les Iǵâza suivantes: *a.* d'el-Ḫabbâz pour Neǵm ed-dîn Moḥ. I. Ḫaḍr ed-Dimiśqî, de l'année 661; *b.* de Ślêmân I. Hamza I. Qodâma (qui l'a écrite) pour Abû Bekr I. Salâma et d'autres, de l'année 709 — 9⁰ الجزء الاول من احاديث ابي محمد عبد الرحمن بن بِشْر جمع ضياء الدين الخ. Avec les Iǵâza que voici: *a.* d'Aḥmed I. Hibat Allâh I. ᶜAsâkir pour Yûsuf I. eḏ-Ḏakî el-Muzzî, de l'année 691; *b.* d'el-Ḫabbâz pour el-Yunînî, de l'année 662; *c.* du même pour Slêmân I. ᶜAbd er-Raḥm. eṣ-Ṣarḫadî, avec d'autres, de l'année 661 — 10⁰ الجزء الثاني من احاديث الخ. Avec ces Iǵâza-ci: *a.* d'el-Ḫabbâz pour Moḥ. I. Ḫaḍr ed-Dimiśqî, de l'année 661; *b.* du même pour el-Yunînî, de l'année 663. — 11° الجزء الرابع من كتاب الطبّ تاليف ابي نُعَيْم. Avec les Igâza: *a.* d'el-Ḫabbâz pour Aḥmed Abû el-Fetḥ el-Baʿlabekkî, de l'année 661; *b.* du même pour el-Yunînî, de l'année 663; *c.* de ʿAlî I. Abî el-Ḥaram es-Sarrâǵ el-Qalânisî eṣ-Ṣaqalî pour son fils Abû Bekr et „pour tous les livres qui précèdent," de l'année 696; *d.* d'el-Ḫabbâz pour M. I. Ḫiḍr ed-Dimiśqî, avec beaucoup d'autres, de l'année 661. Toutes ces Igâza sont ainsi datées: بسَفْح جبل قيسون. Bel exemplaire d'une écriture fort soignée. Plus de la moitié est toute vocalisée. Collationné. 520 pages.

184 ʿAlî I. Moḥammad es-Saḫâwî († 643).

المفصَّل شرح المفصّل.

Sixième volume. Apographe de l'élève de l'auteur, Aḥmed I. Farrâǵ el-Abharî, en 633. Collationné. Ecriture lisible. 200 pages.

185 Abû ʿAbd Allâh el-Ḥuseyn I. Aḥmad el-Faraḍî eś-Śaqqâq († 476).

الفرائض.

Sur l'héritage. Apographe de Hâśim I. Aḥmad. I. Hâśim, de l'année 535. Nesḫî très joli, tout vocalisé. 278 pages.

186 Nûr ed-dîn ʿAli es-Samhûdî el-Madanî.

شفاء الاشواق لحكم ما يكثر بيعه في الاسواق.

Livre de jurisprudence Śafeʿite, divisé en deux parties: 1° في تمهيد قاعدة وفروع تخرَّجَ عليها غالب

فى متعلق الزكاة من العين 2° ; هذه المسائل واشباهها والذمة وما يتفرّع على ذلك وخرْص الثمار وما يتعلق به ويتفرّع عليه من التصرّفات. Même apographiste que le N° précédent, de l'année 895. Petit nesḫî fort distinct. 80 pages. On observera le papier exceptionnellement bon de ces deux numéros.

187 el-Ḥâfiẓ eḏ-Ḏahabî.

التلويحات في علم القرآت.

Autographe de l'auteur, de l'année 737. Avecson Igâza de 4 pages pour?, également de la main d'eḏ-Ḏahabî. Livre commode et utile pour ceux qui s'occupent de cette partie. Avec des notes marginales. Ecriture correcte. 18 pages.

188 Aḥmed el-Maqrîzî († 845).

مناقب احمد بن حنبل.

Autographe de l'auteur. 9 pages d'écriture petite, mais très correcte et lisible.

189 *Même auteur.*

قطعة مختصرة من عيون الانباء في طبقات الاطبّاء.

Autographe de l'auteur. 6 pages.

190 *Même auteur.*

إمتاع الاسماع في ما للنبيّ من الحَفَدة والمتاع.

Minute de l'auteur, qui y dit: ابتدأت فيه يوم الجمعة آخر شهر الربيع الآخر سنة اثنين وثلاثين وثمانمائة. Précédé de deux pages et demie de notes, n'ayant pas trait au livre, dont l'auteur a d'abord élaboré l'Index, ainsi qu'on peut le voir. Il a coupé court à la 26ème page. Notes marginales. V. H. Ḫ. S. art. Grand format.

191 Moḥ. I. Moḥ. el-ᶜAqûlî el-Wâsiṭî († 797).

مفاتيح الرجا في شرح مصابيح الدجى.

Commentaire du livre si connu d'el-Baṛawî. Le second volume est la minute de l'auteur, de l'année 788; le premier est d'une autre main, en 1146, et n'a pas toujours les points diacritiques.

192 el-Gauharî.

الصحاح.

Le I Vol. jusqu'à غوج, ayant appartenu à I. Ḫallikân; excellente écriture toute vocalisée. Le vol. 2 depuis شبر jusqu'à سوف; écriture moderne. Le 3 vol. depuis شوف jusqu'à هوم, écrit en 690 par ᶜImrân I. el-Ḥasan el-Zeydî, vocalisé. Le 4 vol. depuis خطر jusqu'à قين, écrit en 617 par ᶜA. A. I. Moḥ. el-Anṣârî, avec une Igâza de ᶜAbd el-ᶜAzîz I. Saḥnûn I. ᶜAlî el-Ṛimârî el-Maṛribî pour l'apographiste. Le 5 vol. depuis رتن jusqu'à la fin; écrit en 589 par ᶜAbd el-Karîm I. el-Ḥasan I. Ǵaᶜfar el-Baᶜlabekkî. L'ouvrage est donc défectueux depuis غوج jusqu'à شبر.

193 ed-Damîrî.

حياة الحيوان.

Apographe de son élève Moḥ. I. Saᶜîd el-Qâdirî, en 837. Collationné sur l'original, ainsi qu'il ressort d'une note. 560 pages, grand format, d'une belle écriture nesḫî.

194 ʿAbd el-Munʿim I. Sâleḥ I. Aḥmad I. Moḥammad et-Teymî en-Naḥwî. († 685).

تحفة المُعرِب و طُرفة المُغْرِب.

Explication des مشكلات, en fait de versets qorâniques, vers anciens, grammaire et proverbes. Le colophon en est: ووافق الفراغ منه لاثني عشرة بقين من جمدى الاخرة الذي من سنة خمس و ثمانين و ستمائة. Cet exemplaire de cet ouvrage important paraît être le seul existant, aussi bien en Europe qu'en Orient. Nous lisons dans les Ṭabaqât d'Abû Maḫrama, Vol. III, fol. 73, b. de notre Collect. nº 224: الشهاب محمد بن عبد المنعم بن محمد بن الحَيمي الانصاري اليمني ثم المصري الصوفي الشاعر المحسن حامل لواء النظم في وقته سمع جامع الترمذي من علي بن البنّا واجاز له عبد الوهاب بن سكينة توفي في شهر رجب من سنة خمس وثمانين وستماية. C'est là sans doute notre auteur, dont le nom a été défiguré par l'un des copistes, lequel? Notre livre est écrit avec beaucoup de soin; presque tout vocalisé. Cf. Cat. Mus. Brit. p. 303, b, l. 15. 95 pages. Grand format.

195 *Inconnu.*

التحفة اسنيّة في السياسة الرعيّة.

Le šeyḫ et-Tamîmî el-Maṛribî († 1190) a écrit de sa main: بخطّ مولّفها المشطوب اسمه ظُلما. Autographe de l'auteur, de l'année 1026. Son nom est aussi biffé dans le colophon par quelqu'un qui a voulu s'attribuer le mérite de la composition. Ecriture lisible. 37 pages.

196 Ibn el-Aǵdâbî eṭ-Ṭrâbulsî.

كفاية المتحفّظ.

Excellent petit fiqh el-luṛa dont nous avons ici une fort ancienne copie, écrite en beau nesḫî tout vocalisé. Collationné. Contient une Iǵâza du fils de l'auteur, Abû Moḥ. ᶜA. A., de la main de qui provient peut-être cet exemplaire, vu que l'écriture de l'Iǵâza est celle du livre pour Moḥ. I. Ǵâbîr I. Moḥ. el-Qeysî el-Wâdî-âśî, l'un des trois versificateurs de cet ouvrage (voir Ḥ. Ḫ. s. art. où il y a une transposition de phrases. Cat. Bibl. Lugd. Bat. I. p. 80. Cod. Mus. Brit. p. 768. Notre Cat. périoḏ. I, nº. 43.) 182 pages.

197 Śehâb ed-dîn Aḥmad el-Qasṭalânî.

مشارق الانوار المُضيّة في شرح الكواكب الدُرّيّة في مدح خير البريّة.

Composé en 883. Apographe, sur l'original de l'auteur, de Moḥ. I. ᶜAbd ed-Dâim el-Badhalî, de l'année 954. Ecriture distincte et souvent vocalisée. 122 pages.

198 el-Ḫaṭîb et-Tebrîzî.

شرح بانت سُعاد.

Commentaire de la fameuse qaṣîda que Kaᶜb I. Zobeyr récita devant le Prophète, qui l'avait déclaré hors la loi, mais, en entendant la qaṣîda de l'homme inconnu couvert de son liṯâm, le rendit à la vie et lui donna son manṭeau. Apographe très bon de l'année 789. Les vers, et souvent aussi le commentaire, sont vocalisés. 36 pages. Le même que dans nº. 802 II d'India Off. Libr.

199 Moḥammad I. ᶜAbd el-Karîm el-Mauṣîlî.

لوامع الانوار نظم مختصر مشارق الانوار.

Un Ṛarîb el-Ḥadîṯ assez considéré en Orient. Apographe d'Aḥmed I. Asad I. Aḥmed el-Amyûṭi el-Muqrî, de l'année 837. Disposé d'après l'ordre alphabétique. Sous chaque lettre se range, après l'explication des mots de la langue, 1° الاماكن; 2° الاسماء والكنى; 3° الانساب. Le vers est très coulant et le mot fort facile à trouver. Ecriture très soignée et toute vocalisée. Collationné. 176 pages.

200 Abû Tammâm.

Dîwân d'Maḥmûd Pâśâ el-Bârûdî (v. n° 29) préparait une édition complète de ce poète, dont on trouvera ici un exemplaire contenant des poésies non encore publiées, tirées des bibliothèques de Constantinople. *Autographe de* Maḥmûd Pacha. Collationné; avec des notes marginales. Ecriture assez lisible et distincte. Les voyelles ne sont marquées que par exception. 235 pages.

201 Maḥmûd Pâśâ el-Bâ'rûdî.

Le savant Pacha, à présent cultivateur à Colombo, a voulu faire ici une Ḥamâza qui devait aussi comprendre les poètes mowalladîn, ainsi que beaucoup plus de sujets que la Ḥamâza ancienne. L'auteur dépensait beaucoup d'argent sur les copistes, qui étaient toujours, en même temps, des savants. Le premier paquet de ce n° est un chef-d'œuvre de calligraphie et d'exactitude, mais les noms manquent toujours — les canons de ᶜArâbî ont empêché l'auteur de poursuivre son œuvre. Les deux autres paquets sont *la minute de l'auteur*.

202 *Même auteur.*

رسالة في الصرف.

Minute non terminée de l'auteur. 7 pages.

203 *Même auteur.*

رسالة في الطبيعة.

Minute non encore terminée de l'auteur.

204 *Même auteur.*

شرح الاجرّوميّة.

Bel autographe complet de l'auteur. 43 pages.

205 Abû el-Fatḥ el-Bostî.

Le Dîwân d'.

Bonne copie, souvent vocalisée, de la main du Pacha précédent. 32 pages.

206 ʿAbd el-Mutaʿâl Aḥmed es-Suheymî el-Miṣrî.

متن اقرب الادلّة في معرفة التواريخ والاوقات والقبلة.

Autographe de l'auteur. Ecriture soignée. 4 pages.

Les numéros suivants, jusqu'à la ligne, sont écrits de la main de Ǵaʿfar I. Mekkî († 711).

207 Abû el-Ḥasan ʿAlî I. el-Ḥoseyn el-Mofessir.

الاستدراكات على ابي عليّ الفارسي.

Livre de polémique contre l'exégèse de ʿAlî el-Fârisî

Petits caractères, mais très lisibles. Largement vocalisé. Beaucoup de notes marginales. Ecrit en 707. 25 pages.

208 *Inconnu.*

مجموع مراسلات ومكاتبات بالعربي وبالفارسي.

Livre d'adab sur differents sujets. Même remarque qu'au n⁰ 207. 58 pages.

209 Abû ᶜAmr ed-Dânî. († 444).

التيسير في علم القرآن.

Collationné. Même remarque qu'au n⁰ 207. 60 pages. v. Cat. Mus. Brit. p. 378, b.

210 ᶜĠaᶜfar I. Mekkî el-Mauṣilî.

الكامل الفريد في التجريد والتفريد.

Sur les variantes du Qorân, son orthographe, et les règles orthographiques en général. Livre fort utile, qui mérite l'attention des savants. Même remarque qu'au n⁰ 207. Autographe de l'auteur de l'année 696. 300 pages.

211 Nûr ed-dîn Abû el-Ḥasan I. el-Ḥuseyn en-Naḥwî.

الابانة في تفصيل ماآت القرآن وتخريجها على الوجوه التي ذكرها ارباب الصناعة

Traité fort intéressant et instructif sur ما, avec force d'exemples à l'appui tirés des anciens poèmes. Presque tout vocalisé. Notes marginales. 38 pages.

212 Šams ed-dîn Moḥ. I. Aḥmad I. Ḫalîl I. el-Ḫûwî.

اقاليم التعاليم في الفنون السبعة.

Résumé de حديث, فقه, ادب, طبّ, هندسة et حساب. Ḥ. Ḫ. dit que l'auteur (qu'il appelle à tort el-Ḫûbî) mourut en 693, ce qui paraît un peu difficile, vu que Faḫr ed-dîn er-Râzî († 606) est son râwî pour „la tradition des Moḥammad", ainsi qu'on lit dans notre ouvrage. Ecriture nesḫî soignée, très vocalisée. Collationné. Apographe de l'année 738. 428 pages.

213 Abû ʿAbd Allâh Moḥ. I. Aḥmad I. A. Bekr I. Farag el-Anṣârî el-Qorṭubî († 671).

جامع احكام القرآن.

Connu sous le nom de تفسير القرطبي. Sixième volume. Commence par: قوله تعالى: ان يمسسكم فرح (Qor.)] et finit par: حتى تعلموا ما تقولون (Qor.). Beau nesḫî de la main d'Aḥmed I. ʿAḥmed I. ʿAlî, connu sous le de Ṭuhar, en 731. 280 pages.

214 Abû Saʿd el-Muḥsin I. Karâma el-Beyhaqî el-Yemanî.

التهذيب في التفسير.

Commentaire qorânique d'une haute valeur et d'une grande rareté. L'auteur procède avec beaucoup de méthode, sans prolixité, dans un style clair et simple. Après avoir expliqué les différents noms du Qorân, il entre en matière. Chaque phrase reçoit un commentaire au point de vue de 1° القراءة; 2° اللغة; 3° الاعراب; 4° المعنى; 5° الاحكام. Ce premier volume, le seul que nous possédons, finit avec Sûra. La dernière page contient un certificat de waqf, malheureusement déchiré, pour tous les livres de (l'auteur?) en faveur des descendents de (l'auteur?). Ceux-ci en seront les directeurs au sanctuaire de l'imâm el-Manṣûr billâh ʿAbd Allâh I. Ḥamza (v. nº 225), à la ville de Ẓafâr, où les livres ont été déposés. Cela fait croire que nous sommes ici en présence de l'autographe de l'auteur. Ecriture très distincte, souvent sans points diacritiques. 200 pages.

215 *Même auteur.*

شرح عيون المسائل في علم الاصول.

Trois grands volumes: 1º Le commencement manque. Copié en 608 par Mudrik I. ʿImrân ez-Zawâǧî, et collationné en 609 par Moḥ. I. Aḥmed I. el-Walîd, dont l'écriture est en encre plus noire, sous les auspices de l'auteur, qui y a opéré des ratures. Beaux caractères, souvent sans points diacritiques. 2º Copié en 605, avec le même مصحّح et la même année. Ecriture soignée. 3º Copié en 608, avec le même مصحّح. Ecriture correcte, mais souvent sans points diacritiques. Tous les trois volumes ont été écrits dans la ville de Ẓafâr. Il nous a été impossible de trouver quelques renseignements précis sur l'auteur de ces deux ouvrages remarquables.

216 Abû el-Ḥasan ʿAlî I. Aḥmad el-Wâḥidî en-Nîsâbûrî († 468).

اسباب نزول القرآن.

Selon la riwayi (qu'on lit sur le frontispice) d'Aḥmad I. Ismâʿîl el-Qazwînî, qui l'eut d'Abû el-ʿAbbâs ʿOmar el-Arrabânî (ainsi écrit plusieurs fois).

Le commencement en est: اخبرنا الشيخ الامام رضى الدين ابو الخير احمد بن اسمعيل بن يوسف القزويني قال انبأنا ابو العباس عمر بن الله الارغباني قال قال الشيخ الامام ابو الحسن عليّ بن احمد الواحدي النيسابوري. La riwâya de notre Codex est donc un peu différente de celle du Codex de Leyde (IV, p. 21). Copié pour Emîr el-Yemân Ṣârim ed-dîn Ibrâhîm I. el-Moẓaffar (voir Abû Maḥrama p.   . N° 231) par ʿAlî I. Śaʿbân es-Seyfî, en 740. Superbe exemplaire avec enluminures en or. Ecriture extrêmement soignée, souvent vocalisée. V. Nöldeke, Geschichte des Qorâns, p. XXVIII. 224 pages. Grand format.

217 Abû el-Ḥasan ʿAlî I. Faḍḍâl el-Ḥaufî en-Naḥwî († 430).

البرهان في علوم القرآن.

L'auteur procède d'après la même méthode qu'Abû Saʿd el-Boyhaqî (V. N° 24), mais il est beaucoup plus étendu. Commence par Sûra II, v. 125 et finit par Sûra II, v. 228. Ecriture difficile à lire, mais ancienne et assez vocalisée. Avec un ḫaṭṭ de Moḥ. I. Moḥ. eś-Śaḥna (v. n° 44) et d° d'Aḥmed I. Raḥmân I. Raǵab el-Aqṣirâî (auteur du Ṭabaqât el-Ḥanâbila). Le quatrième volume seulement. La dernière feuille manque. 176 pages. Grand format.

218 el-Qâḍî ʿUbeyd Allâh I. Moḥammad el-ʿUbeydilî eś-Śerîf el-Farṛânî, connu sous le nom d'el-ʿIbrî († 743).

شرح طوالع الانوار.

Le commencement de la préface manque. Minute de

l'auteur, avec quantité de ratures, d'effaçures, de taḫarîǵ et de notes marginales. Composé à Tebrîz, en 718, pour Śehâb ed-dîn Mobârak Śâh. 256 pages. V. Cat. Ind. Off. N⁰ 426. III.

219 Imâm el-Ḥarameyn ʿAbd el-Melek el-Guweynî († 478).

الشامل في اصول الدين.

C'est le titre d'après Ḥ. Ḫ., qui dit qu'il y en a 5 volumes. Cela est peut-être une autre division que celle de notre exemplaire, dont il ne paraît manquer que ce commencement. Le colophon porte: تمّ الكتاب الشامل لحقائق الادلّة العقلية واصول المسائل الدينيّة. Copié en 712. Ecriture distincte, mais souvent sans points diacritiques. 360 pages.

220 Luṭf Allâh I. Ǵaḥḥâf [1]) el-Yemanî.

رَوْض الاشواق في مكارم الاخلاق وهو شرح قصيدة المولى اسحق.

Le commencement de la qaṣîda est:

ولقد نزلتُ على ديارِهمُ ولها بثغر مَسرّةٍ ضَحْكُ
والروض مَرْآءهُ البديعُ به خَلَعَ العِذارَ لذي التقَي نُسْكُ

Sur une feuille volante, l'auteur rapporte les derniers vers composés par el-Maulâ Isḥâq. Ils lui furent communiqués par le fils du poète qui les avait présentés à el-Maulâ el-ʿAllâma ʿIzz el-Kamâl M. I. Zeyd. I. el-

---

1) جحّاف veut dire *potier* dans Yéman.

Mutawakkil. Comme ils sont assez jolis, nous les citerons ici:

يا روضةً في الفضل طابَ بها   وزكى النُقَى والعلمُ والنُسْكُ
خُذْها قصيدًا راق مشربُها   فَهْيَ الرحيق خِتامها مِسْكُ
الفاظُها رقَّت وكاد لدى   انشادها يترنَّم الصكُّ
وحَلَت معانيها وراق على   جِيدِ النظام بلطفها السِلْكُ
فآستمِلها وآملا سفينتها   من بحرها ويَراعك الفُلْكُ
لا زلتَ في روض النعيم كما   تهوى وذِكْرُك بالثنا يزكو

C'est un joli ouvrage d'aḍab dans le genre de celui d'I. Nubâta. Le commentaire est fort prolixe: il roule pour la plupart sur des questions philosophiques et métaphysiques. Minute de l'auteur, qui la finit en 1215. Ecriture lisible. Grand format de 152 pages, avec beaucoup de taḫârîǵ.

221 Burhân ed-dîn Ibrâhîm I. ʿOmar el-Ǵaʿbarî († 733).

جميلة ارباب المراصد على عقيلة اتراب القصائد.

Commentaire étendu de la fameuse qaṣîda d'ol Šâṭibî. Les savants de profession l'apprement par cœur. Elle commence par:

الحمد لله موصولا كما امرا   مباركا طيّبا ستنزلُ الدررا.

Le šarḥ est aussi très employé en Orient; en effet, il est d'une haute valeur pour l'histoire et les règles de l'orthographe du Qorân et de la langue arabe en général. Vieil apographe collationné. Ecriture extrêmement belle et soignée. 280 pages de grand format.

222 ʿAlî I. Šeyḫ ʿAbd el-Barr el-Wanâʾî.

الدرر السنيّة بشرح الكنوز البهيّة في علم النحو

Autographe de l'auteur, avec des corrections. On relève dans une note qu'un tel a étudié ce livre avec l'auteur en 1805. Ecriture fort jolie et distincte. 226 pages.

223 Aḥmed I. ᶜAbd el-Ḥalîm I. Teymîya.

السياسة الشرعية في اصلاح الراعي والرعيّة.

Apographe d'Aḥmed I. Slêmân el-Ḥamawî, en 782. Collationné. Ecriture grosse et lisible. 74 pages.

224 Moḥ. Sibṭ el-Maradînî el-Mowaqqit.

رقائق الحقائق في حساب الدَرَج و الدقائق.

Traité de calculs astronomiques. Apographe de Moḥ. I. eś-Śeyḫ Yâsîn, en 999. Plein de notes marginales. Ecriture très correcte. Collationné. 38 pages.

225 el-Ḥâfiẓ Ǵemâl ed-dîn Abû el-Ḥaǵǵâǵ Yûsuf I. ᶜAbd er-Raḥmân el-Muzzî († 742).

تحفة الاشراف في معرفة الاطراف.

Recueil de traditions arrangées d'après les noms des Compagnons du Prophète. Cet ouvrage, qui ne forme pas moins de *neuf grands volumes*, est extrêmement important. Il comprend tous „les six livres" de traditions, et jouit en Orient d'une haute considération parmi les quelques rares savants qui ont eu l'occasion de le lire. Nous croyons que notre exemplaire est un *unicum* en Europe. Ecriture soignée vocalisée. Vol. I: apographe de l'élève de l'auteur, Moḥ. I. Aḥmad I. Tammâm, connu sous le nom I. es-Sarrâǵ el-Ḥarrânî, sous-préfet du Dâr el-Ḥadiṯ, sans date; vol. II: en 730; vol. III: sans date ni nom de copiste; vol. IV: apographe d'I. es-Sarrâǵ, en 730; vol. V: le même, de la même année, vol. VI: le même, en

732; vol. VII: le même, de la même année; vol. VIII: autre écriture, sans date, mais tout aussi vieille; vol. IX: apographe d'I. es-Sarrâǵ, en 733. Notre codex est la copie de la minute de l'auteur, faite et collationnée sous ses auspices, ainsi qu'il ressort des notes contenues dans les différents volumes.

Cf. Cat. Mus. Brit. p. 738a.

226 Ibrâhîm I. ᶜAlî I. Tamîm el-Anṣârî el-Andalusî, connu sous le nom d'el-Ḥuṣarî († 453).

المصون في سرّ الهوى المكنون.

2 vol. On trouvera dans ce rare et joli ouvrage beaucoup de vers de poètes anciens. L'auteur est bien connu par son زهر الآداب, imprimé comme hâmiś dans el-ᶜIqd el-farîd par I. ᶜAbd Rabbih. Apographe remarquable de l'année 792. Ecriture grosse et distincte. Tous les vers sont vocalisés. Reliure yemanite, reconnaissable à l'ornementation. La première page est un peu défectueuse; la dernière est suppléée par une main moderne. Il existe de cet ouvrage une copie excellente à Mekka.

227 el-Imâm el-Manṣûr billâh Abû ᶜAbd Allâh I. Ḥamza.

ديوان.

La littérature du Yéman, presque inconnue in Europe et même en Orient, nous ménagera des surprises agréables. Ce Dîwân, dont le nom n'est jamais prononcé hors des frontières yémanites, est une de ces surprises. Nous l'avons étudié avec une attention toute particulière, et nous avons ressenti en lisant ses douces poésies un plaisir, une satisfaction que nous tenons à constater. Il y a la Muse d'Abû Firâs el-Ḥamdânî, poète jusqu'au bout des ongles; il y a la fierté guerrière de celui-ci, avec la langue noble et classique d'el-Mutanebbî. L'illustre auteur, un de ces princes yémanites qui étaient en même temps savants distingués et protecteurs zélés des lettres, n'a pas encore trouvé son historien en Europe, mais l'incomparable Abû Maḫrama nous a donné sur sa personne et son règne des renseignements que nous nous empressons de rapporter ici. Nous copions le texte de notre MS n°. 233, vol. II, fol. 11a, en nous permettant d'y apporter quelques améliorations:

الامام المنصور بالله ابو عبد الله بن حمزة بن سليمان بن حمزة بن علي بن حمزة بن الامام ابي هاشم الحسن بن عبد الرحمن بن عبد الله بن يحيى بن عبد الله بن الحسين بن القسم بن ابرهيم بن اسمعيل بن ابرهيم بن الحسن بن الحسن بن علي بن ابي طالب نسب وفخر ضخم امام ابن ائمّة الاسلام وقطب من اقطاب السادة الكرام ولد في شهر ربيع الاول سنة احدى وستين وخمسماية تفنن في عدة من العلوم وكان مختصّا بعلم الادب كثير الاحتجاج على غريبي الكتاب والسنة عالما باشعار العرب حتى قيل ان محفوظه يزيد على مماية الف بيت من اشعار العرب وصنف التصانيف العجيبة في عدة فنون وشرع في تفسير كتاب الله عز وجل فلم يفرغ من[1] سورة البقرة الا في مجلّد ضخم واخترم دون اتمامه وله عدة رسائل في الرّدّ على المخالفين وله الفاظ حكميّة وكلمات ادبيّة تجرى مجرى الامثال السائرة منها قوله: كتمان السرّ راس مال الملوك — الإلحاح في

1) من manque dans le MS.

مطالبة المفلس تودى الى الإنكار — الافراط في المزاح [1] يودي الى [2] العداوة . ونحو ذلك من الالفاظ الرشيقة . وكان شاعرا فصيحا ومن شعره قوله

كم بَيْنَ قولي عن [3] ابي عن جَدّه
وابِي ابِي فَهْو النبيّ الهادي
وفتىً يقول حكى لنا اشياخُنا
ما ذلك الإسنادُ من إسنادي

ومنه ما كتبه جوابا الى السلطان الظاهري غازي بن الملك الناصر بن يوسف بن ايوب صاحب حلب وقد كتب اليه يدعوه الى دخول العراق ويبذل نفسه للقيام بخدمته فاجابه وضمن الجواب شعرا اوله

أتهجر معتمدا دارَها وتُولِي الملامةَ من زارها [4]

وفيها يقول

الى حلبٍ حيثُ صِيدُ الملو ك تحبو وتُكرِم زُوّارها
سُلالةُ من شاد دينَ النبيّ واثخنَ بالسيف كفّارَها [5]
فمات وابقى لنا بعده شموسَ الملوك [6] واقمارَها

وكانت دعوته في ذي القعدة سنة ثلاث وتسعين وخمسماية وتابعه السيدانِ الاميرانِ شيخا آل رسول الله صلعم يحيى ومحمد بن يحيى بن الهادي وكافة علماء الزيديّة واتصلت دعوته بالحجاز فقام بها الشريف قتادة بن ادريس صاحب مكة اتمّ قيام وانفذ دعوته الى الجبل والديلم والري وتابعه الزيديّة وارتفع صيته وخافه العباسيون ببغداذ وكتب دعوته الي خوارزم شاه صاحب خراسان

---

1) MS المزاج, ce qui ne donne pas de sens.

2) الى est suppléé par nous.

3) عن suppléé.

4) MS: وتولى الملا زوارها. Nous avons suivi le texte du Dîwân.

5) MS طهر بالسيف ازوارها, contrairement au Dîwân.

6) Avec le Dîwân. MS المعالى.

فتلقّاها باحسن التلقي واعطى الشريف القادمَ بها مالا جزيلا وهو الذي عمر حصن ظفار وحصّنه وشيّده وعمر مدارس العلم وجمع في خزانته من الكتب ما ليس يلقى في سائر الخزائن واوقر بالمُطْرِفيّة وهم[1] فرقة من الزيديّة ينتسبون الى مطرف بن شهاب ولهم اعتقادات فاسدة منها قولهم التاثير في العالَم للطبائع الاربع وان الخِلْقة نشوها كنشو[2] حشرات الارض وكان فشا امرهم وظهر مذهبهم القبيح وكان فيهم تقشّف وعبادة استغووا بها عامّة الناس فجَرَد فيهم السيفَ حتى كاد ياتي على آخِرهم و سبى ذراريهم وخرب ديارهم ومحا آثارهم فانشا رجل منهم يقال له ابن النسّاخ رسالةً الى الخليفة العباسي الناصر لدين الله يقال ان بسببها كان دخول المسعود بن الكامل اليمن في سنة اثنتي عشرة وستماية وان الخليفة عزم على الكامل محمد بن ابي بكر بن ايوب المذكور بارسال بعض ولده الى اليمن لحرب الامام عبد الله بن حمزة . وتوفي الامام المنصور عبد الله بن حمزة لاثنتي عشرة ليلة خلت من المحرّم سنة اربع عشرة وستماية

L'auteur de كتاب الياقوت المعظم (voir ici) donne aussi, fol. 30a, à propos des chevaux renommés du Yéman, des renseignements sur la famille de notre ʿAbd Allâh I. Ḥamza. Le Dîwân est divisé en انواع. Le 1er نوع manque (?); le IIème commence par une Qaṣîda (précédée de trois bêt d'une autre) ayant cette souscription : وله عليه السلام من قصيدة الى الامير ابي عزيز قتادة ابن ادريس الحسني. Il a adressé à ce prince plusieurs poésies, qui se trouvent dans le Dîwân. Les

1) وهم suppléé par nous.

2) MS porte: وان الخلقه الشو ها الخ.

Imâms de Ṣanʿâ recevaient toujours la salutation prophétique après leur nom (cf. el-Yâqût el-Moʿaẓẓam, passim). Parmi les poésies de cette partie nous relevons les plus importantes: الى كافة بني حسن بصفراء وينبع
pp. 1, 30. C'est celle que nous avons publiée au commencement de ce catalogue, p. 4. — قال قد ورد عليه الخبر
من عزّان بن سعد بأخذ محطّة الغزّ وتغنُّم اموالهم
p. 8. — قال يحرض بني موسى بمكة على القيام ويعلمهم
بِخِذْلَان اسمعيل وجُنده, p. 17. — وقال جوابا للسلاطين
سنة ٥٩٨ آل حاتم في البشارة بقتل اسمعيل في شعبان,
pp. 23, 27, 87. — وله الى الاميرَين شيخي آل رسول الله
يحيى ومحمد ابنى يحيى وقد بلغه فساد قوم من يام
تراكم الاشغال فأنشأ اليهم هذا الشعر مع, p.35. — وقال في وقعة,
شبام وقد أبلى فيها عماد الدين وقاتل بالسيف سنة ٩٠٠,
p. 38 — وله وكتبها الى بني سليمان بتهامة, p. 44 — وقال
حاكيا خذلان العرب وذاكرا اخاه ابرهيم ومصابه سنة ٩٠٠,
p. 49 — وقال هذه الارجوزة بتاريخ ذي الحجة سنة ٩٠١
يذكر فيها جُملا من ابتداء امره الى التاريخ المذكور,
p. 61 — وقال وقد بلغه ورود السفير من الملك الظاهر
سنة ٩٠٩ بكتب وعوّقه جند اليمن عن القدوم, p. 93. —
وقال وانفذ بها الى من ينتحل مذهب الامامية من ولد
الحسين بن علي بالمدينة على ساكنها السلام, p. 106.
— Le IIIème: النوع الثالث من اشعاره عليه السلام في
مخاطبات اهل المذاهب خاصة وما يتصل بذلك, p. 114.
Cette partie est fort intéressante pour l'histoire religieuse du Yeman. Nous appelons surtout l'attention sur deux longues qaṣîda: القول في التفضيل, p. 124, et في المطْرِفيّة وبيان كفرهم, p. 139. — Le IVème, sans page de souscription, p. 153. Les poésies de cette partie sont uniquement dédiées aux membres de la famille de l'au-

teur. — Le Vème: في المديح والاوصاف وما يتصل بذلك ...., p. 172. Nous y lisons: وقال عليه السلام

وقد وخطه شيبٌ فأُمِرَ بخضابه

قالوا اخْضُب الشَيْبَ إنَّ الشيبَ مَنْقَصةٌ

في اعْيُنِ الرشـاب[1] الرعـاديـد

فقلتُ ذاك كـمـا قـلـتـم وهيبـتـهُ

نـقـيـضُ قَـوْلِكـم فـي أعْيُنِ الصيدِ

نحن الذين حملنا الناس عن عُرُضٍ

عـلـى البيـاض فَهَلْ تـرضـى بتسويدِ

Le VIème: في صفات الخيل وما يتصل بذلك, . . . p. 183. Avec cela on comparera el-Yâqût el-Moᶜazzam, fol. 21a. J'en relève: وقال هذه الارجوزة وضمّنها صفات الخيل, p. 185 — الكلام, اسماء خيل العرب المشهورة, p. 186 — العيوب الخافية, p. 215 — في مذموم الخلق, p. 218. الكلام في — الكلام في قيامه و صفته قائما, p. 220. — الكلام في تفرُّس فيها, دعاءيها وتسكينها, p. 221. — p. 222. — الكلام في معرفة عنقها بمشاهدة خصره, p. 224. — الكلام في الدلالة عليها بالذراعة, p. 224. — Le VIIème: في المراثي وما يتصل بذلك . . . . p. 239. Sur son frère Mohammad I. Ḥamza; ᶜAzzân I. Saᶜd (v. plus haut); es-Sulṭân Saᶜd I. Biśr I. Ḥâtîm (cf. Dîv. p. 5); l'Emîr Moḥ. el-Mofaḍḍal; l'Emîr Gémâl ed-dîn Aḥmed I. Yaḥyâ; son frère Ṣârim ed-dîn Ibrâh. I. Ḥamza; eś-Śeyḫ ᶜAlî I. Manṣûr; es-Sulṭân el-Faḍl I. ᶜAlî I. Ḥâtim (604); son cousin, l'Emîr Ṣalaḥ ed-dîn I. el-Murtaḍâ I. el-Qâsim; l'Emîr Śams ed-dîn Yaḥyâ I. Aḥmed; l'Emîr Mégd ed-dîn Yaḥyâ I. Moḥ.

1) Nous n'avons pas pu lire ce mot d'une façon satisfaisante. Faut-il y voir الرشئيّات ?

Notre exemplaire est le seul qui soit connu en Orient, excepté peut-être dans le Yéman. Il a 274 pages d'une excellente écriture provenant d'un maître, avec les voyelles nécessaires, mais souvent sans points diacritiques.

DEUXIÈME PARTIE.

Histoire.

228 I. Ḥaǵar el-Asqalânî.

الاصابة في تاريخ اسماء الصحابة.

On ne trouvera pas facilement une œuvre de cette étendue écrite avec tant de soin. Cette belle copie, sans date, ne peut avoir plus de 150 ans; elle est très correcte. Relié en soie verte. Gros volume.

229 el-Qâḍî Ḥoseyn I. Moḥ. ed-Diyârbekrî el-Mekkî († 966).

تاريخ الخميس في احوال النفس النفيس.

Excellent et bel apographe collationné, fait par Moḥ. I. Ṣalâḥ el-ʿAdînî (petit village dans le Yéman), en 1079. Fort beau nesḫî. In-folio. (v. notre Cat. périod. I, nº 42).

230 Abû Ḥanîfa A. I. Daûd ed-Dînôrî († 283).

الاخبار الطوال.

Important ouvrage historique. Il n'est pas disposé selon les années, mais selon les événements qui se déroulent sans interruption; c'est là le sens de ṭiwâl. On lira dans notre nº 234, p. 112, une biographie fort intéressante et élogieuse de cet auteur d'une renommée extraordinaire à cause de sa science et de sa langue classique (cf. Yâqût s. art.) Notre copie, en beaux caractères vocalisés, doit avoir été faite dans les environs de l'année 500, à en juger par l'écriture et le papier. Collationné. Notes marginales. Quatre pages au commencement et huit pages à la fin ont été suppléées par une main relativement moderne. 498 pages.

231 Abû el-Ḥasan Moḥ. I. ʿAbd el-Melek el-Hamadânî († 521).

مختصر تاريخ الطبري.

Notre exemplaire, d'une fort jolie écriture, finit brusquement avec l'histoire de Seyf ed-Daula, en 335. 280 pages.

232 Aḥmed I. ʿA. A. el-Moḥibb eṭ-Ṭabarî († 694).

الرياض الناضرة في مناقب العشرة.

V. Ḥ. Ḫ., III, p. 520, et Cat. Leid. IV, p. 80. Copie collationnée, faite en 801. Celle de Leide est de l'année 853. Bonne écriture très lisible. Complet en un volume.

233 Abû Moḥ. I. ʿAbd Allâh I. eṭ-Ṭayyib I. Abû Maḫrama.

قلادة النحر في وفيات اعيان الدهر.

Biographie d'hommes célèbres depuis le commencement de l'Islâm. Cet ouvrage extrêmement important arrive jusqu'à l'année 928. Il est divisé en طبقات; chaque siècle en comprend une. Nous n'avons malheureusement que le second volume, le premier ayant été enlevé par les Bédouins lors du transport des livres d'el-Medîna à Mekka, mais nous avons l'espoir de le retrouver. Il commence par l'année 500. Il ressort du colophon que notre exemplaire a été apographié à Ṣanʿâ en 1030 sur l'original de l'auteur, mis au net en 987 par ʿOmar I. Ibrâhîm el-Ǵayânî el-Yemanî à Ṣanʿâ. Ce qui fait le prix immense de cet ouvrage, c'est que l'auteur, yémanite lui-même, a donné la place d'honneur aux hommes de son pays. Leurs biographies sont souvent assez étendues, et jettent une lumière toute nouvelle sur l'histoire du Yéman. On a eu sous le n⁰ 227 un spécimen de l'ouvrage, dont la publication doit être un des plus grands *desiderata* des Orientalistes. Ecriture fort bonne et correcte. Entre les mains d'un maître, ce MS est excellent, car les quelques corrections qu'on y doit apporter sont indiquées par la critique. Souvent vocalisé, surtout dans les vers. Grand volume de 540 pages.

234 *Inconnu.*

Un volume d'histoire, depuis l'année 261 jusqu'à l'année 305, avec citations d'I. el-Aṯîr, Nowoyrî, Ḏahabî et Yâqût. Nous n'avons pas eu les moyens de rechercher l'auteur de cette histoire importante. Des pages manquent au commencement et à la fin. Ecriture distincte. 294 pages.

235 *Inconnu.*

رحلة لبعض اليمنيين الى داخل افريقية في سنة ١٠٥٠.

L'auteur décrit un voyage au pays de Choa (Śewa), en Abyssinie. Comme fragment d'histoire et peinture de mœurs de ce pays-là ce livre a une valeur incontestable. Belle copie très soignée. Composé en 1060, dans la ville de Kaukabân pour Emîr el-Yeman el-Melek el-

Manṣûr el-Qâsim I. Moḥammad. Ecriture yémanite. Grand format de 74 pages.

236 Yaḥyâ Śaraf ed-dîn Emîr el-Yeman.

قصص الحق.

Commentaire d'une longue Qaṣîda biographique sur le Prophète. La doxologie manque. Ecriture yémanite distincte, mais souvent sans points diacritiques. Collationné. Autographe de l'auteur (?). Grand format de 84 pages.

237 *Inconnu.*

كتاب في الإسراء والمعراج.

Ouvrage d'un Yémanite de la ville de Kaukabân. Grand format de 94 pages. Ecriture yémanite très lisible.

238 ʿAbd er-Raḥîm I. el-Ḥoseyn, connu sous le nom de el-Ḥâfiẓ el-Irâqî († 805).

نظم الدرر في المغازي والسِيَر.

Biographie du Prophète. Nesḫî soigné, tout vocalisé. 136 pages.

239 Fatḥ ed-Dîn Moḥ. I. Seyyid en-Nâs el-Yaʿmarî († 734).

نور العيون تلخيص سيرة الامين المأمون.

Abrégé du n° suivant. Apographe de l'année 1084. Ecriture très jolie. Notes marginales. Collationné. 40 pages.

240 *Même auteur.*

كتاب عيون الاثر في فنون المغازي والشمائل والسِيَر.

I vol. seulement. Le vitriol de l'encre a complétement détruit plusieurs feuilles. Apographe de l'année 1119.

241 ʿIzz ed-Dîn Moḥ. I. Ibrâhîm I. Ǵemâʿa († 819).

سيرة النبي.

Vieille copie sans date. Un korrâs manque. 140 pages.

242 ʿAbd Allâh Moḥammad I. Yûsef ed-Dimiŝqî eṣ-Ṣâleḥî.

سُبُل الهدى والرشاد في سيرة خير العباد.

Biographie du Prophète, connue sous le nom de السيرة الشاميّة. Ier volume. Apographe extrêmement soigné sous tous les rapports, avec une table des matières de 54 pages. Collationné. Finit par le chapitre intitulé: جماع ابواب معراجه الشريف ومسراه المنيف. Belle reliure orientale avec dorures.

243 Abû el-Qâsim el-Ḥuseyn I. ʿAlî, connu sous le nom d'el-Wezîr el-Maṛrabî († 418).

سيرة النبي.

IIème volume de cet ouvrage important, dont nous n'avons ici que le tiers. Ce volume commence par le chapitre اسماء الاعدآء من اليهود. Ecriture large et fort distincte, toute vocalisée. Collationné.

244 *Inconnu.*

السمط الغالي الثمن في اخبار الملوك من الغُزّ في اليمن.

Bon apographe écrit de la même main que le nº suivant; souvent sans points diacritiques. Composé pour le Sulṭân Ṣelâḥ ed-dîn à Ṣanᶜâ. Collationné. 256 pages.

245 *Inconnu.*

زهرة العيون في اخبار اليمن الميمون.

L'histoire du Yéman depuis l'Islâm. Le colophon dit: كان الفراغ من زبره في شهر ذي القعدة سنة ثمان وسبعين وتسع ماية. 304 pages. [1])

246 ᶜAbd Allâh Ibn ᶜAlî el-Wezîr.

طَبَق الحلوى وصحائف المسك والسلوى.

Histoire du Yéman depuis l'année 1046, arrangée d'après les années. Composée en 1118. Apographe fort soigné de l'année 1181. La doxologie manque. Cet ouvrage est très précieux. Collationné. 368 pages.

247 Ismâᶜîl I. Moḥ. I. el-Ḥasan el-Yemanî.

سمط اللآلي في شِعر واخبار الآل.

Biographie des enfants de Ḥasan et de Ḥoseyn. Contient beaucoup de poésies. Ecriture un peu difficile à lire. Apographe de l'année 1099. 320 pages.

248 Ǵaᶜfar Manṣûr el-Yemanî.

كتاب تاويل الزكاة.

C'est là un des livres de la secte dite des Ismâᶜîlîya ou, plus généralement, des Makârima. Elle est connue dans l'histoire sous le nom de Qarâmiṭa. Elle est fort répandue dans le Yéman et aux Indes, où ils sont appelés el-Bohrâ. Ils attribuent leur origine aux Fathimides

1) Voyez Mélanges Orientaux publiés par les professeurs de l'école des langues orientales vivantes, p. 89.

d'Egypte. Leur chef-lieu dans le Yéman est Ḥarâz; aux Indes, Bombay et Aḥmed Âbâd. Il y a entre ces contrées des relations très intimes. Ils cachent leurs livres et leur croyance avec beaucoup de soin. Ce livre et le livre suivant sont tombés entre les mains d'un Mekkois, chez qui mourut le possesseur de ces raretés. Ecriture extrêmement soignée; on la lit comme un livre imprimé. Collationné. 430 pages.

249 Edrîs I. Ḥoseyn I. ʿAlî el-Anf el-Makramî.

روضة الاخبار وبهجة الاثمار في حوادث اليمن الكبار.

Histoire des Makârima, composée en 870, par un des plus grandes autorités de cette secte. Apographe de l'année 991. Ecriture très distincte, mais manquant souvent de points diacritiques. 164 pages.

250 Moḥammad I. en-Noʿmân el-Ḥâriṯî.

الارشاد في معرفة حُجَج الله على العباد.

Biographie de ʿAlî I. Abî Ṭâlib. Ecriture yémanite Collationné. 270 pages.

251 Emîr el-Muʾminîn Yaḥyâ I. el-Ḥoseyn el-Yemanî ez-Zeydî.

الافادة في تاريخ الائمّة السادة.

Biographies des Imâms de la secte des Zeydites, c-à-d. de ʿAlî et de ses descendants. Composé en 1074. Ecriture fort soignée et toute vocalisée. Notes marginales. 166 pages.

252 *Inconnu.*

منظومة في تواريخ الخلفاء.

Belle écriture. 8 pages.

253 *Inconnu.*

Fragment, de 16 pages, d'un livre contenant „les lettres envoyées par le Prophète à des rois et d'autres hauts personnages." On y lit la lettre adressée à el-Muqauqas, dont on a trouvé l'original à Iḫmîm, en Egypte. Très ancien MS sans date.

254 Aḥmed I. Saᶜd ed-Dîn I. el-Ḥoseyn el-Miswarî.

رسالة إثبات انّ عليّا اوّل المسلمين ايمانا.

Copie de la même main et dans les mêmes conditions que n⁰ 251. 12 pages.

255 Ṣafî ed-dîn Aḥmed el-Ḥalabî (ainsi écrit sur le frontispice), connu sous le nom d'el-Qaramânî († 1019).

اخبار الدُوَل وآثار الأوَل.

Histoire assez connue. Apographe de l'année 1201. Ecriture difficile à lire. Notes marginales.

256 *Inconnu.*

كتاب مطالب السُول في غزوات الرسول.

Le premier kurrâs manque. Le colophon dit: على نسخة الاصلي بخطّ المصنف نجزتُ من تاليفه وجمعه في سابع وعشرين من رجب المبارك من سنة خمسين وستماية بحلب. Notre apographe est donc de l'année 650. Collationné. Beau nesḫi souvent vocalisé. 246 pages.

257 Moḥ. I. Muṣṭafâ, surnommé Kânîzâdeh.

بُغْية الخاطر ونزهة الناظر.

L'auteur donne, dans la préface, une longue liste des

livres qu'il a mis à contribution pour son ouvrage. Le 1er Bâb, de 7 chapitres, se rapporte à l'histoire du Prophète. Le 2ème Bâb est divisé en 3 فصول: 1° les Benû Omayya; 2° les B. el-ʿAbbâs; 3° les Salâṭîn Âl ʿOṯmân. Le 3ème et le 4ème Bâb devaient rouler sur des sujets religieux; cette partie paraît ne pas avoir été faite. Copie de l'année 1058. Bonne écriture distincte.

258 Zeyn el-ʿÂbidîn ʿAlî I. Mûsâ I. Walî.

كتاب رحلة لبلاد الروم والهند.

L'auteur vivait au temps de Šâh ʿAbbâs. En vers raǵaz. Le commencement manque. 12 pages.

259 *Inconnu.*

Contient: 1° 5 pages d'une description de la Syrie; 2° un traité sur les اربعين حديثا par Abû ʿAbd Allâh Moḥ. es-Sulamî, composé en 788. En tout 16 pages. Bonne écriture.

260 *Inconnu.*

القول الجليّ في فضل سيدنا عليّ.

Deux panégyriques sur ʿAlî. Grosse écriture très soignée. 12 pages.

261 Ḥamîd I. Aḥmad el-Maḥallî († 652).

الحدائق الورديّة في ذكر ائمّة الزيديّة

1er volume. Ecriture soignée de 1067. Collationné. 60 pages.

262 *Inconnu.*

تاريخ تراجم رجال الدولة العثمانية.

Ces biographies ne sont pas sans importance. Apographe de l'année 1063. Le commencement manque. Très bonne écriture. 88 pages.

263 ʿAbd Allâh Murâd I. Yûsuf el-Ḥanafî el-Agharî.

الكنز الانور في فضائل الجامع الازهر.

L'auteur dit: قال والدي الشعراني. C'est dommage que cette histoire intéressante d'el-Azhar ne soit pas complète. Très jolie écriture vocalisée. 28 pages.

264 Abû el-Qâsim Moḥ. eṣ-Ṣabbâṛ.

درّة الاسرار في مناقب ابي الحسن الشاذلي

Très joli exemplaire de cette histoire importante du fameux fondateur de الطريقة الشاذلية, à présent fort répandue partout en Orient. Notre auteur était son élève. Ecriture fort soignée et souvent vocalisée. 320 pages.

265 Aḥmed I. Moḥ. I. Ḥaǵar el-Heyṯamî († 973).

شرح الهمزيّة.

Comm. sur la Hamzîya de Buṣîrî. Composé en 966. Ecriture très bonne et correcte. Collationné. 640 pages.

266 I. el-Aṯîr el-Ǵazarî († 606).

المختار في مناقب الاخيار

Biographies d'hommes remarquables dans l'histoire de l'Islâm. Ouvrage d'une haute importance, mais donc nous n'avons malheureusement que le premièr volume. Ecriture excellente. Copie collationnée. Finit à la lettre د.

267 *Inconnue.*

Une espèce de عجائب المخلوقات, arrangé d'après les matières, et offrant un intérêt réel. Le commencement et la fin manquent. 164 pages d'une bonne écriture.

268 *Inconnu.*

قصص الانبياء

Le commencement et la fin manquent. Copie du 7ème siècle, à en juger par le papier et l'écriture, qui est fort bonne, mais manquant souvent de points diacritiques. 292 pages, dont quelques-unes sont raccomodées. Collationné.

269 *Inconnu.*

Recueil d'histoire, concernant les Ḫawārig, et de biographies de savants. Joli ouvrage que nous avons parcouru sans pouvoir en préciser l'auteur ni l'année de la composition. Copie assez moderne. 304 pages.

270 Ibn ʿAddî.

اسماء الصحابة.

Selon l'ordre alphabétique. Le commencement de la préface manque. Apographe de l'année 670, fait sur l'original de l'auteur. Il n'y en a que le premier volume finissant au nom رَيَاب. Ecriture nesḫî extrêmement soignée, richement vocalisée, surtout dans les vers. Collationné. Grand format de 510 pages.

271 el-Imâm el-Mahdî lidîn Allâh Aḥmed I. Yaḥyâ I. Rasûl.

Contient: 1° تحفة الاياس في شرح تعيين آل اميّة وبني العبّاس.

2° تزيين المجالس بذكر التُحَف النفائس.

Bonne écriture manquant souvent de points diacritiques. Une partie de la préface manque. Notes marginales. 122 p.

272 Tâǵ ed-dîn ᶜAbd el-Wahhâb I. es-Subkî.

الطبقات الكبرى.

Ce volume, le seul que nous ayons, commence à l'année 570, dont les principaux événements sont d'abord rapportés, et continue par la biographie d'Aḥmed I. Ibrâhîm I. Hiśâm el-Armawî. Sans doxologie ni préface. Cet ouvrage est une vraie mine de renseignements. Nous en avons ici la moitié, comprenant 440 pages d'une écriture très lisible, mais manquant quelquefois de points diacritiques. Collationné. MS du 9me siècle.

273 *Inconnu.*

خلاصة الاقوال في معرفة الرجال.

Apographe de l'année 883, fait à Surra manrâ'. Biographies des hommes remarquables de la Śîᶜa. Ce livre important et rare est divisé en deux قسم: 1° فيمن اعتمد على روايته او ترجّح عندي قبول قوله; 2° فيمن تركت روايته او توقفت فيه و رتّبت كل قسم على حروف المعجم.

Excellente copie collationnée, d'une écriture très soignée. 262 pages.

274 Śehâb ed-dîn I. Arslân I. Aḥmed eś-Śâfiʿî er-Ramlî († 844).

طبقات الشافعيّة.

Le commencement de la préface manque. Le dernier nom est Yûsuf I. ʿA. A. I. Bindâr Abû el-Maḥâsin. Les dernières feuilles sont en partie endommagées par le feu. Collationné. Bonne écriture. 240 p.

275 Muṣṭafâ eṣ-Ṣafawî.

مشاهد الصفا في المدفونين بمصر من آل المصطفى.

Fort belle écriture. Collationné. 40 pages.

276 Aḥmad I. Aḥmad eś-Śaubarî el-Ḥanafî.

Iǵâza pour Moḥ. Śams ed-dîn I. ʿAbd A. el-Ṛazzî.

Autographe de l'auteur, de l'année 1032. 4 pages.

277 es-Suyûṭî.

لبّ اللباب في تحرير الانساب والالقاب.

Apographo do ʿAlî I. ʿAbd el-Mannân, en 1063. Superbe copie; la première feuille a été suppléée, et une autre est déchirée. Avec des additions marginales.

278 Moḥammed Amîn ed-Dimiśqî, connu sous le nom d'I. Âbidîn († 1258).

Autobiographie de l'illustre auteur de ردّ المحتار على الدر المختار. Bel apographe moderne, dont il manque le fin. Collationné. 30 p.

279 Ibn Ḥaǵar el-ʿAsqalânî.

توالي التأنيس بمعالي ابن ادريس.

Biographie d'el-Imâm eś-Śafeʿî. Avec une note

autographe de Moḥ. Tâǵ ed-dîn el-Bahûtî († après 900) et une autre de Moḥ. I. Ismâʿîl ed-Danauśarî, de l'année 991. Ouvrage fort recherché et important aux yeux des Śâfeʿîtes. Ecriture fort soignée et distincte. Collationné. 136 pag.

280 es-Seyyid Muṣṭafâ eḏ-Ḏahabî eś-Śâfeʿî († 1280).

رسالة في المسكوكات وبيان موازينها وبيان الصريف من الزيوف.

Petit traité très méritoire. 8 pages.

281 Abû Ǵaʿfar Moḥ. I. ʿAbd el-Melek el-Kisâʾî.

عجائب الملكوت.

Apographe de l'année 1076. Bonne écriture. 94 p.

282 es-Suyûṭî.

تبييض الصحيفة بمناقب ابي حنيفة.

Fort bon apographe de l'année 1188. 18 p.

283 el-Qaśmaṭînî.

كتاب في ذكر مشاهد الاشراف وبعض الصحابة الذين قتلهم بنو اميّة في زمن دولتهم ومشاهدهم في الارض الذين (!) قتلوا فيها مشهورين يزاروا والناس تتبرّك بهم الى يوم القيامة.

16 pages de grandes lettres. Langue peu soignée.

284 eś-Śeyḫ el-Baʿlabekkî.

منظومة في سيرة النبي.

Copié en 1088. Très bonne écriture. 30 p.

285 *Inconnu.*

Recueil ayant trait à l'histoire de l'Egypte. Minute de l'auteur.

286 es-Seyyid ʿAlî I. Maʿṣûm el-Madanî.

سُلافة العصر في مناقب اهل العصر.

Cet important ouvrage est à juste titre très considéré et lu dans le Ḥeğâz. Sa publication est très désirée en Orient. Il fut composé en 1082. Notre copie est de l'année 1167. Elle est très bonne; collationnée. 664 pages.

287 Quṭb ed-Dîn. Moḥ. I. Aḥmed en Nahrawânî el-Mekkî. († 988).

منتخب تاريخ.

Biographies de savants du 9ème et du 10ème siècle. L'auteur débute par la biographie de ses parents. Copie fort belle, collationnée, de l'année 1083. 194 pages.

288 *Même auteur.*

تحفة الاصحاب ونزهة ذوي الالباب.

Joli livre d'adab et d'histoire ayant les parties suivantes: 1° في العلم والفضل والادب وما يلحق بذلك; 2° في الغزل وذكر ايام الشباب والمشيب والنساء وما يتعلق بذلك; 3° في ذكر الملوك والولاة والرسائل والمكاتبات وما يلحق بذلك; 4° في نكت منتقاة من التواريخ وغرائب الاتفاقات وما يتعلق بذلك; 5° في فنون شتى مختلفة اللفظ والمعنى. Apographe collationné et fort soigné, le plus souvent tout vocalisé, de l'année

1005. 410 pages. Suivi d'un autre ouvrage du *même auteur*:

ابتهاج الانسان والزمن في الإحسان الواصل للحرمَيْن من اليمن. Même remarque. 40 pages.

289 Moḥammad I. Aḥmed I. ᶜAbd er-Raḥm. el-Fâsî el-Mekkî († 831).

شفاء الغرام في اخبار البلد الحرام.

Apographe de l'année 907. Mr. Wüstenfeld a édité des extraits de cet ouvrage. Manque jusqu'à la feuille 50. 187 feuilles. Collationné. Bonne écriture.

290 *Même auteur*.

الإعلام بأَعلام بيت الله الحرام.

Apographe de l'année 1000. Collationné. Exemplaire soigné, un peu endommagé par les vers.

291 Moḥammad I. ᶜAlî I. Faḍl eṭ-Ṭabarî el-Mekkî.

بيت قصيد الصدق من ذلك الطراز ترجمة عين اعيان بني صدّيق مفتي الحجاز.

Histoire des muftî de la maison Ṣiddîq à Mekka. Copie bien écrite de l'année 1131. 20 pages.

292 eš-Šeyḫ el-Qûṣî († 1280).

تلخيص التلخيص من تنافي التنصيص في ردّ على اهل مكة في مسئلة وعصى آدم ربّه وغوى (Qor. XX, 119)

Exposé d'une discussion, à propos de ce verset qorânique, qui eut les suites les plus graves pour plusieurs savants. Fort jolie écriture moderne. 76 p.

293 Aḥmed Ibn Luṭf Allâh el-Mekkî.

فيض الكَرَم في آداب وشرائط المطالعة.

Instructions comment on doit étudier. Apographe de l'année 1138. Ecriture fort distincte et vocalisée. 32 pages.

294 es-Śeyḫ Ḥasan eś-Śurunbulâlî.

إسعاد آل عثمان المكرّم ببناء بيت الله المحرّم.

Histoire de la Kaʿba. Apographe de l'année 1040, l'auteur étant encore vivant. Bonne écriture. 14 pages.

295 Aḥmed I. Ḥasan el-Beyyâḍî, Qâḍî Mekka.

اشارات المرام من عبارات الامام (ابي حنيفة).

Sur des questions de fiqh. Autographe de l'auteur, de l'année 1084. Il dit: جمع فيه الفقه الاكبر والفقه الاوسط ورسالة وكتاب العالم والوصيّة — tous des livres d'Abû Ḥanîfa. Avec taḫârîǵ et notes marginales. Ecriture distincte. 270 pages.

296 Moḥ. Ǵâr Allâh I. Ṭahîra el-Mekkî.

الجامع اللطيف في فضل مكة واهلها وبناء البيت الشريف.

Apographe de l'année 1097 sur l'original de l'auteur, alors vivant. Excellent ouvrage qui mérite d'être publié. Une page entière et trois demi-pages manquent. Les notes marginales semblent provenir de l'auteur lui-même. Très bonne écriture. 200 p.

297 رسالة في اخبار نار الحجاز.

Description de l'éruption volcanique qui eut lieu en 654, Ǵumâda II, à 1½ h. d'el-Medîna, à un endroit appelé encore aujourd'hui الشَظَى, et où l'on en voit encore les vestiges. Bonne écriture. 6 pages.

298 *Inconnu.*

Contient d'abord un résumé de l'histoire arabe jusqu'à l'année 1097. Le 3ème chapitre a pour titre: ذكر من ولى مكة المشرّفة من آل ابي طالب, et finit à l'année 1102. Cette partie est très importante. L'auteur était Imâm chez l'Emîr de Mekka eś-Śerîf Barakât en 1080. C'est tout ce que nous savons sur son compte. Ecrit en 1245. Probablement autographe de l'auteur. Belle écriture très distincte. 334 pages.

299 el-Azrakî el-Mekkî.

كتاب اخبار مكة.

Commence à la page ٧, l. 15, et finit à la page ٣٢٠, l. 7, de l'édition de Wüstenfeld. Apographe ancien très soigné.

300 *Inconnu.*

Fragment de l'histoire du Yéman, depuis l'année 945 jusqu'à l'année 965, qui est la fin du livre. Apographe d'Aḥmed I. Yaḥyâ I. el-Mufaḍḍal el-Yemanî, en 1069. Cette histoire paraît être de la plus haute importance, à en juger par ce fragment. Elle contient de longues Qaṣîda. Excellente écriture. Suit le testament, signé par les témoins, de l'Emîr el-Mutawakkil ʿalâ Allâh, (v. nº 357).

TROISIÈME PARTIE.

Livres d'Adab.

301 Labîd I. Rabîʿa el-ʿÂmirî.

ديوان.

Copie de l'année 1297. Avec des variantes à la marge. Non collationnée. Bonne écriture maṛrabî. 42 pages.

302 el-Aʿšâ el-Akbar.

ديوان.

Apographe, de l'année 1297, d'un exemplaire se trouvant à la riche bibliothèque du Šeyḫ el-Islâm, ʿArif Bek († 1270), à el-Medîna. Cet exemplaire n'est cependant pas irréprochable, et notre copie ne l'est pas non plus. Elle est pourtant bien loin d'être mauvaise, comme le montre la comparaison du panégyrique sur Moḥammad publié par Mr. Thorbecke. Bonne écriture maṛrabî, sans voyelles. 24 pages.

303 Abû Miḥǵan eṯ-Ṯiqafî.

ديوان

Selon la riwâya d'Abû Yûsuf Yaʿqûb I. es-Sikkît et d'Abû Saʿîd es-Sukkarî et d'Abû el-Ḥasan eṭ-Ṭûsî. Le colophon en est: تمّ شعر ابي المِحْجَن باسره. كتب في المدينة المنوّرة وفرغ منه في ثالث ذي القعدة سنة ١٢٩٩. Ensuite on lit cette note: نقل من نسخة بخطّ اديب زمانه ووحيد عصره الشيخ محمد محمود بن التلاميد الشنقيطي وهو نقل من خطّ ياقوت ولفظه كتبه ياقوت المستعصميّ في شوال سنة ٦٨١. Ce Šenqîṭî est le plus grand savant actuel d'el-Medîna. La copie de Yâqût se trouve à Constantinople. Notre copie est un chef-d'œuvre au point de vue de la correction, de la vocalisation complète et de l'écriture. Le copiste est un savant professeur d'el-Medîna. 15 pages.

304 el-Ḥuṭey'a, connu aussi sous le nom de Ǵirwal el-ᶜAbsî.

ديوان

Selon la riwâya d'es-Sukkarî. Copie faite par le même Śenqîṭî sur un MS. conservé à la bibliothèque du Sultan Moḥammed à Constantinople, en 1296. Le nom seul de ce savant hors ligne suffit pour reconnaître la valeur de cette copie. Collationnée et corrigée. Ecriture maṛribî très soignée, toute vocalisée. Sur le frontispice se lit une qaṣîda, attribuée au même auteur, et qu'on ne trouve pas dans son dîwân. Elle a été tirée d'un recueil de vers préislamiques conservé dans une bibliothèque à el-Medîna. 139 pages.

305 el-Ḥâdira.

ديوان

Selon la riwâya de Moḥ. I. el-ᶜAbbâs el-Yazîdî. Le copiste de n° 303 a également fait cette copie sur celle de Śenqîtî, qui avait copié celle de Yâqût. Correction et écriture hors ligne. 10 pages.

306 Ḏû er-Rumma.

ديوان.

Copie faite à el-Medîna en 1297. Elle n'est pas corrigée, mais offre quelques variantes. Bonne écriture maṛrabî sans voyelles. 84 pages.

307 eš-Šammâḫ I. Ḍirâr.

ديوان.

Copie faite en 1297 par le même copiste et dans les mêmes conditions que le n° précédent. 30 pages.

308 ʿOmar I. Abî Rabîʿa el-Maḫzûmî.

ديوان

Selon la riwâya d'el-Heyṯam I. ʿAdî. Même copiste et même remarque qu'au n° précédent. 170 pages.

309 Abû Nowâs el-Ḥakamî.

ديوان

Selon la riwâya d'eṣ-Ṣûlî. Les premières 28 et les dernières 24 pages et 8 pages au milieu ont été copiées par une main moderne. Le reste est ancien. Ecriture très soignée et distincte. Cette copie est bonne; peu de voyelles. 4 volumes, reliés ensemble, de 440 pages.

310 Abû Zeyd Moḥammad I. Abî el-Ḫaṭṭâb el-Qorašî.

جمهرة اشعار العرب.

C'est le même livre que n° MLXIII du Brit. Mus., avec la différence que le nôtre contient davantage. Jusqu'à la Qaṣîda de دعبل بن علي الخزاعي, commençant par: مدارس ايات, les deux MS sont pareils, à en juger par le Catalogue du dit Musée. Comme notre MS est fort précieux, nous en dirons quelques mots. Après 44 pages d'introduction, viennent: 1° les Moʿallaqât (ou السموط), avec un commentaire interlinéaire suffisamment nourri; les vers sont pour la plupart vocalisés, 54 pages. 2° el-Muǵahmarât. Les commentaires sont par endroits plus maigres, surtout dans ʿAdî I. Zeyd, 22 pages. 3° el-Muntaqayât. La dernière moitié peu commentée, 12 pages. 4° el-Muḏahhabât. Ici le commentaire fait aussi souvent défaut, 12 pages; 5° el-Murâṯî. Il n'y a que le commentaire d'Abû Ḏoweyb qui soit suffisant, 25 pages. 6° el-Maśûbât. Peu de commentaires, excepté dans الشمّاخ, 25 pages. 7° el-Mulḥamât. Très peu de commentaires, excepté dans Ḏû er-Rumma, 36 pages. Ensuite vient 8° الهاشميّات d'el-Komeyt. 578 bêt, avec un riche commentaire. 67 pages. Vocalisation rare. 9° La Qaṣîda de Diʿbil I. ʿAlî el-Ḫozâʿî, 53 bêt. 9° La Qaṣîda de Ṭarafa el-Bakrî: ياخليلي قفا اخبركما, 25 bêt. 10° La Qaṣîda de ʿAntara: بين العقيق وبين برقة ثهمد, 28 bêt. 11° هذه الدرة اليتيمة التي تمارى عليها الشعرا وادّعى فيها اكثرهم الى ان غلب عليها اثنان احدهما ابن الشيص والثاني العَكَوّك اليمني الكندي وتماريا وتمارى ايضا الرواة لايهما هي الى ان صح انها للعكوّك وقيل حلف عليها اربعون. Elle commence par: هل بالطُلول لسائلٍ ردُّ, 61 bêt. 12° La Qaṣîda d'Abû Ṭâlib: ولما رايت القوم لا ودّ فيهمُ, 79 bêt. 13° جمهرة ابن نافع. Description, avec beaucoup de vers, des „journées des Arabes. Ouvrage rarissime et d'une haute importance. 154 pages.

Cette Ǵâmhara fut apographiée environ 1050 pour l'Emîr de Mekka, eś-Śerîf Mobârak I. Aḥmad I.

Zeyd par le Śeyḫ el-Islâm des Ḥarameyn, ʿAbd el-Qâdir Abû Bekr Efendî, qui composa une Qaṣîda panegýrique sur ce livre. Elle figure sur le frontispice. Notre MS est écrit avec assez de soin; il est passablement correct et d'une écriture très distincte.

311 *Même auteur.*

كتاب جمهرة اشعار العرب اصل فروع شجرة الادب في الجاهلية والاسلام.

Un examen minutieux de ce MS nous a persuadé que c'est bien au fond le même livre que le précédent, mais une autre rédaction plus étendue. Les termes de l'Introduction sont souvent, pas toujours, les mêmes. La disposition des matières est différente. La voici: 1º Introduction, 33 pages. — 2º les Sumûṭ: *a.* Lebîd, 54 pages; *b.* Imru-l-Qeys, 38 p.; *c.* Ṭarafa, 20 p.; *d.* Zoheyr, 16 p.; *e.* en-Nâbiṛa, 16 p.; *f.* el-Aʿśâ, 19 p.; *g.* ʿAmr I. Kolṯûm, 20 p. Les Commentaires ont ici beaucoup plus de largeur que dans le nº précédent, et en diffèrent essentiellement quant à la forme, quelquefois aussi quant au sens. — 3º المجمهرات. Avec le même ordre que le nº précédent. Jusqu'à ʿAdî I. Zeyd chaque bêt a son commentaire, qui ne continue pas plus loin, excepté dans quelques rares endroits de ce poète, 12 p. — 4º المنتقيات, 12 p.; — 5º المذهّبات, 8 p.; — 6º المراثي, 18 p.; — 7º المشوبات, 20 p. Un mot y est quelquefois expliqué. — 8º Les Malḥamât du vol. précédent, mais ils n'ont pas ici de nom. 36 p. Le commentaire de la Qaṣîda de Ḏû el-Rumma est court, mais presque interlinéaire. Dans les autres Qaṣîda, il n'y que quelques mots, par ci, par là, qui soient expliqués. Le colophon est: كمل وتمّ كتاب جمهرة الاشعار بكرة يوم الاثنين عاشر في شهر شعبان سنة احد وثمانين والف. Immédiatement après vient وهذا من غير الجمهرة وانما هذا من جمهرة اخرى لامرء القيس خاصّة وقال امرأ القيس في رواية ابي عمرو المفضل الضّبيّ. Comprenant les Qaṣîda suivantes d'Imru-l-Qeys: 9° الا انعمْ صباحا ايّها الطلل البالي, où chaque bêt reçoit son explication, 20 pages.

10° خليلي مُرّا بي على امّ جُنْدُب, Ahlw. 116, n° 4.

11° أحارِ ابن عمرو كأنّي خَمِرْ, selon la riwâya d'el-Asmaʿî.

12° غشيتَ ديار الحيّ بالبُكُراتِي, Ahlw. 121, n° 10.

13° عيناك دمعهما سِجال, Ahlw. 155, n° 55.

14° ربّ رامٍ من بني ثُعَلٍ, Ahlw. 133, n° 29.

15° الم يرم الدار الكتيبة

16° تطاول ليلك بالاثمد, Ahlw. 123, n° 14. Les trois premiers versets ont été laissés en blanc. Toutes ces 10 Qaṣîda offrent des variantes.

L'écriture n'est pas toujours facile à lire, vu que les points diacritiques manquent souvent. Pour ces deux numéros, on comparera ce que dit Mr. Ahlwardt, Six Diwans, pp. XIX, 7, et XX.

312 el-Boḥtorî.

ديوان.

Très belle copie, faite pour Maḥmûd Pâśâ Sâmî el-Bârûdî (v. n° 211), qui l'a toute corrigée et collationnée. Ecriture exceptionnellement belle et soignée. Nous avons déjà fait observer que les copistes de ce Pacha étaient tous des savants. 604 p. en grand format.

313 Abû Zakarîyâ Yaḥyâ el-Ḫaṭîb eṭ-Ṭebrîzî.

شرح ديوان ابي تمام.

Selon la riwâya d'eṣ-Ṣûlî. 4 feuilles au commencement, 12 au milieu et $21^{1}/_{2}$ à la fin ont été suppléées par un copiste moderne; le reste est ancien. Cette partie surtout est fort soignée, d'une écriture très correcte, suffisamment vocalisée. Notes marginales. 346 pages.

314 Tamîm Moḥammed I. el-Moʿizz lidîn Allâh el-Fâṭimî († 374).

ديوان.

Ancienne et excellente copie très soignée. Ecriture fort distincte, souvent vocalisée. Ce beau dîwân est tout aussi rare en Orient qu'en Europe. La fin manque. Les dernières feuilles sont un peu effacées. Collationné et corrigé. Notes marginales. 356 pages.

315 eś-Śarîf er-Raḍî el-Mûsawî († 406).

مختارات ديوان الشريف الرضي.

Arrangé selon l'ordre alphabétique. La lettre أ et une partie des lettres ب et ي manquent. Copie très ancienne et fort soignée, probablement faite pour un haut personnage. Ecriture qui ne laisse rien à désirer, toute vocalisée. 270 pages.

316 Abû el-Ḥasan ʿAlî I. Moḥ., connu sous le nom d'et-Tihâmî († 416).

ديوان.

Bonne copie moderne de cet aimable poète qui chante

de cœur. L'élégie sur son fils, mort jeune, est un chef-d'œuvre fort connu et récité en Orient. Elle commence:

حُكْمُ المنيّة في البريّة جارِ ما هذه الدنيا بدار قرارِ

(p. 18 de notre exemplaire). Fort belle écriture correcte. 132 pages.

317 ʿAlî I. Abî Ṭâlib.

Pseudo — ديوان.

Apographe, d'une bonne écriture, de l'année 1035; sans voyelles. 130 pages.

318 Fragment du Dîwân d'el-Mutanabbî. Copie bonne et ancienne, toute vocalisée. 92 pages.

319 Aḥmed I. Ḥaǵar el-ʿAsqalânî.

ديوان.

Copie moderne de ce dîwân extrêmement rare. La fin manque. Sans voyelles. 40 pages.

BIBLIOTHÈQUE NATIONALE R.F. IMPRIMÉS

320 I. Maʿtûq el-Ḥoweyzî.

ديوان.

Jolie copie assez correcte d'un des poètes favoris des Arabes modernes, faite en 1260. 182 pages. Belle reliure orientale.

321 Moḥyî ed-dîn I. el-ʿArabî el-Andalusî († 637).

ديوان.

Divisé en plusieurs جزء. MS ancien extrêmement soigné; en grosses lettres. La fin manque. Corrigé. 354 pages de grand format.

322 ʿAbd I. ʿAlî el-Wezîr.

ديوان جوارش الافراح وقوت الارواح.

Recueilli par es-Seyyid Ismâʿîl I. el-Ḥasan, surnommé el-Ḥurra. Apographe soigné de l'année 1182. Bonne écriture. Corrigé. 116 pages de grand format.

323 ʿAbd Allâh Muḥyî ed-dîn I. ʿAbd eẓ-Ẓâhir († 692).

ديوان.

Voyez Ḏêl I. Ḫallik. s. art. Copie moderne, mais assez soignée; la fin manque. Collationné. 34 pages.

324 Abû el-Qâsim Hibat Allâh I. Ǵaʿfar I. Sanâ el-Mulk († 608).

دار الطراز في عمل الموشحات.

Traité complet et fort important sur les muwaššaḥât. Copie ancienne très belle. Ecriture excellente et toute vocalisée. Collationné. 192 pages.

325 Ṣafî ed-Dîn el-Ḥillî († 759).

الارتقيات.

Panégyrique sur Abû Fatḥ el-Ṛâzî des Benî Urtuq, prince de Mardîn. Le commencement et la fin manquent. 32 pages.

326 Abû Manṣûr ʿAlî I. el-Faḍl el-Kâtib, connu sous le nom d'eṣ-Ṣurrudurr († 465).

ديوان.

La fin manque. Ecriture taʿlîq. 70 pages.

327 Burhân ed-dîn el-Qîrâṭî.

ديوان.

Jolie copie de 300 ans environ très correcte, suffisamment vocalisée. 24 p.

328 ʿOmar I. el-Fâriḍ († 632).

ديوان.

Apographe de l'année 757. Ecriture maṛribî. 68 pages.

329 Ǵemâl ed-dîn Moḥammad I. Nubâta el-Miṣrî.

ديوان.

Apographe de l'année 1079. Copie et écriture très soignées. Le commencement est tout vocalisé. 313 pages. Suivi d'un traité appelé: براهين الاحتجاج والمناظرة في ما وقع بين القوسى والبندق من المفاخرة par Ibrâhîm I. Ṣâleḥ el-Hindî. Il le présenta à l'Emîr du Yéman, Aḥmed I. el-Ḥasan. En vers, avec d'autres poésies du même auteur. Belle écriture. 25 pages.

330 Faḫr ed-dîn I. ʿAbd A. I. el-Mahdî el-Yemanî.

ديوان.

Il y fait le panégyrique d'Emîr el-Yeman el-Moʾayyad billâh, en 1054. 15 pages d'une bonne écriture. Viennent ensuite 26 pages d'annotations sans un seul point diacritique, après quoi on trouve 11 pages contenant deux des qaṣîda précédentes, ainsi qu'une imitation de Lâmîyat el-ʿAǵam par le Šeyḫ Šaraf ed-dîn Ismâʿîl I. Abû Bekr el-Muqrî es-Saṛdarî, assez bien écrite et vocalisée. Le MS finit par Lâmîyat el-ʿArab, 9 pages, avec un commentaire interlinéaire.

331 ʿAbd el-Laṭîf I. ʿAlî el-Qasîʿî el-Yemanî.

ديوان السائق الشائق الى الشراب الفائق الرائق.

Suivi de quelques poésies panégyriques à l'adresse de l'auteur. Fort belle écriture presque toujours toute vocalisée. 138 pages.

332 ʿAbû ʿAbd Allâh Moḥ. I. ʿAlî es-Sûdî el-Yemanî, surnommé el-Hâdî.

ديوان

Composé en 1009. Ecriture très distincte. 88 pages. Suivi d'un autre recueil, du même auteur, intitulé:

نسمات الكُمَيْنات السحر ونفحات الزواهر

C'est une collection de chants populaires selon le goût et les habitudes yémanites, qui diffèrent de celles des autres. Ḥumeyna est un chant en langue et mètres vulgaires. Nous donnons ici la première ḥomeyna en la vocalisant comme elle doit être chantée:

يَا سَاكِنِينَ السَّفْحِ مِنْ نُعْمَانْ
نَظْرَهْ لِقَلْبِي الْوَالِهِ الْحَزِيْنْ
يَكْفِي مِنَ الْإِعْرَاضْ وَالْهُجْرَانْ
يَا مَنْ هُمْ نُوْر عَيْنِي الْيَمِيْنْ
كَمْ لِلْبُعَادْ فِي الْقَلْبْ مِنْ أَشْجَانْ
لَا كَانْ لَا كَانْ كُلْ يَوْمْ تِبِيْنْ
يُضْعِفْ عُقُولَ الشِيْبْ والشُبَّانْ
يَا خَالِقِي كُنْ لِي عَلَيْهِ مُعِيْنْ

توشيح

مَا كَانْ ذَنْبِيْ وَاغَزَالْ تَهْمَدْ
تَتْرُكْ دُمُوعِيْ تَسْتَبِقْ عَلَىْ الْخَدْ
يَا لَيْتْ شِعْرِيْ هَلْ جَفَاكْ لُهْ (لُوْ) حَدْ

Ce tawśîḥ correspond au dâr des Egyptiens et est le refrain chanté par les assisants. Cet ouvrage mérite au plus haut point l'attention des spécialistes, qui pourtant doivent, pour le bien comprendre, connaître les habitudes du Yéman. Très bonne écriture, sans voyelles. 62 pages.

333 Ibn Ḫallûf.

ديوان

Un peu de la fin manque. Petite écriture distincte. Non collationné. 67 pages.

334 ʿImâd ed-dîn Yaḥyâ el-Ǵaḥḥâfî el-Yemanî.

ديوان

La fin manque. Belle écriture richement vocalisée. 76 pages.

335 Moḥammed I. Ismâʿîl I. Ṣalâḥ el-Emîr el-Yemanî.

ديوان

L'auteur vivait au milieu du 12ème siècle de la H. Grosse écriture distincte, au besoin vocalisée. Collationné. 456 pages.

336 es-Seyyid Ḥâtîm el-Ahdal el-Yemanî.

ديوان.

Il vivait à la fin du 10ème et au commencement du 11ème siècle. Très bonne écriture, souvent vocalisée. Les 68 dernières pages contiennent des poésies de Yémanites, entre autres de ᶜAbd Allâh en-Nâṡirî, d'Ismâᶜîl I. Moḥ. Qâneᶜ (v. n° 357), de Yaḥyâ I. Ibr. el-Ǵaḥḥâfî (v. n° 334), avec cette note: وقد اقترح عليه بعض اخوانه على لغة نساء صنعا, et dont voici deux bêt:

اين مأه وما مني ويا بي واسكه
من ثغور كالاقاح الغضّ هتّه ونكهه

اين عيون اشبهت في السحر هاروت ماروت
اين در في عقيق احمر ومرجان وياقوت

Nous trouvons ici un bon nombre de poésies de ce genre (v. n° 332). Suivent des vers du Qâḍî ᶜAlî I. Ṣâleḥ, dont une Urǵûza: ادب العَروس ونزهة النفوس nous paraît assez jolie. Ce MS est fort intéressant. Ecriture très soignée. 302 pages.

337 es-Suyûṭî.

الاشباه والنظائر النحويّة.

2 volumes. Les 22 dernières feuilles du premier volume forment le commencement du second; elles se trouvent donc en double. Chaque volume provient d'un copiste différent. Dans les deux, l'écriture est bonne. Ils sont corrigés. Le MS n'a que 200 ans environ.

338 *Inconnu.*

زبدة الامثال.

Composé pour le Sultan Murâd, fils de Selîm. Joli

petit livre, d'une écriture extrêmement nette, où les proverbes sont disposés d'après les matières. 112 pages.

339 Šams ed-dîn en-Nawâǵî († 859).

الشفاء في بديع الاكتفاء.

Bel ouvrage sur ce sujet spécial par l'auteur de حلبة الكميت. Copie, de l'année 1095, très correcte et corrigée, souvent vocalisée. 69 pages.

340 Moḥ. I. Ẓafar el-Mekkî († 598).

سلوان المطاع.

Excellent apographe de l'année 1090.

341 Bedr ed-dîn Moḥ. I. Abî Bekr ed-Damâmînî el-Maḫzûmî († 828).

رسالة يردّ بها على الصفدي.

L'auteur redresse ici les erreurs commises par eṣ-Ṣafadî dans son commentaire sur Lâmîyat el-ʿAǵam. Bon apographe moderne. La fin manque. 20 pages.

342 مراسلات بين امير اليمن المنصور بن الحسن بن القاسم واحمد بن زيد امير مكة.

Lettres de faire part des conquêtes d'el-Manṣûr dans le Yéman. 10 pages.

343 *Inconnu.*

صورة المكتوب الوارد من بعض من حضر فتح اكرى وما حصل بعدها من الحروب التي لم يقع مثلها في الاسلام على سبيل الاختصار وهو معرب من اللغة التركية في الديار المصرية.

Excellente copie. 14 pages.

344 Abû et-Tuqâ' Sâleḥ I. Abî el-Ḥasan I. Šerîf.

الوافي في نظم القوافي.

Sur la poésie; avec un traité de prosodie à la fin. Très joli apographe moderne. 244 p.

345 ᶜAlî I. Moḥ., connu sous le nom I. Abî Qoṣeyba el-Ṛazâlî.

استعطاف المراحم واستسعاف المكارم.

Traité d'éthique. Excellente copie dont la fin manque. 20 pages.

346 ᶜAlî I. Maᶜṣûm el-Mekkî.

النصف الثاني من شرح البديعيّة.

Suivi d'un chapitre sur تراجم ارباب البديعيّات المذكورة في هذا الكتاب الحقها المؤلف. Ecriture très soignée. 440 p.

347 ᶜÎsâ I. Ibrâhîm er-Rabaᶜî († 408).

نظام الغريب.

106 pages paraissant dater du 6ème siècle. Elles sont d'une écriture yémanite très lisible, toute vocalisée. Corrigé, avec beaucoup de notes marginales. 5 pages ont été suppléées au commencement par un copiste moderne, qui n'a pas eu le temps de faire la restitution complète de tout l'ouvrage. V. Cat. Mus. Brit. p. 468.

348 المحاسن والمساوي.

Il nous a été impossible de trouver le nom de l'auteur de cet ancien MS, dont le titre est donné d'après la souscription des différents chapitres. Il se pourrait bien qu'el-Beyhaqî en soit l'auteur. Excellente copie, suffisamment vocalisée, du 6ème siècle, à ce qu'il paraît. Le commencement et la fin manquent. 402 pages.

349 Abû Saʿîd Manṣûr I. el-Ḥoseyn el-ʾIbbî († 422).

نثر الدرر في المحاضرات.

Apographe fait sur un MS. de la Bibl. khédiviale pour Sâmî Pâśâ el-Bârûdî par le Śeyḫ Ḥoseyn el-Marṣafî, un des plus grands savants actuels du Caire; il l'a également corrigé. C'est un chef-d'œuvre d'écriture et d'exactitude. Il n'en manque que la dernière partie, soit الفصل الثالث et الفصل الرابع, ainsi qu'il ressort de la description de Ḥ. Ḫ., s. art.

350 Abû ʿAbd Allâh Moḥ. I. el-Walîd el-Fihrî.

سراج الملوك.

La dernière feuille manque. Ecriture passablement bonne. Le MS. a environ 200 ans.

351 es-Suyûṭî.

اكام العقيان في احكام الخصيان.

Bonne copie assez moderne, corrigée. 8 pages.

352 *Même auteur*.

الدرر الحسان في رفع شان الحُبْشان.

Traditions du Prophète concernant les Abyssins. La fin manque. Copie de 48 pages n'ayant pas été finie. Bonne écriture.

353 eṣ-Ṣafadî.

اختراع الخُرَع.

Livre d'adab. Ecriture marribî assez bonne et lisible. 30 pages.

354 *Inconnu.*

Partie d'une anthologie poétique. Copie fort soignée et d'une écriture très nette; vocalisée et corrigée; notes marginales. 78 pages.

355 *Inconnu.*

Partie d'une anthologie poétique de beaucoup de valeur, comme donnant des extraits des meilleurs poètes. Excellente copie moderne faite, probablement par un savant, pour Ḥamîd Bek (v. n° 6). 238 pages.

356 Ṣafî ed-dîn el-Ḥillî.

البديعيّة.

C'est le matn seulement. Ecriture très distincte. 18 pages.

357 Ismâᶜîl I. Moḥ. Qâneᶜ. Avec le titre:

هذا المجموع يشتمل على نبذة من كفاية المتادّب.

Recueil d'apophtegmes et de poésies yémanites, parmi lesquelles se trouvent plusieurs d'Ismâᶜîl I. Moḥ. Qâneᶜ (V. n° 336), entre autres deux assez belles élégies sur l'Imâm el-Mutawakkil ᶜalâ Allâh (v. n° 403). La qaṣîda, également de lui, qui commence par

اسوانح الغزلان في فلواتها كالغانيات الغِيد في غرفاتها

est vraiment jolie; elle fut composée en 1147. Très bonne écriture. Corrigé. 36 pages.

358 Ṣârîm ed-dîn Abû Moḥ. Ibr. I. ʿA. A. I. el-Hâdî.

المقامة المنظرية والفاكهة الخبريّة.

Apographe de l'année 1077. Bonne écriture. 8 pages.

359 I. Sîrîn.

تعبير الرويا.

Bonne écriture. 26 pages.

360 Abû Ḥayyân et-Tauḥîdî.

رسالة ابي حيان لابي بكر الطالقاني.

Ecriture distincte. Collationné et corrigé. 11 pages.

361 el-Abûṣîrî.

تخميس الهمزيّة.

Bonne copie assez vocalisée. 110 pages.

362 *Inconnu.*

تمثال الامثال السائرة في الابيات الفريدة النادرة.

En vers. Ecriture trés distincte. 48 pages.

363 Moḥammad el-Witrî el-Bardâdî.

تخميس القصيدة الوتريّة.

Ecriture très soignée, avec des voyelles. 136 pages dont les 14 dernières contiennent une partie de nº 361.

364 *Inconnu.*

شرح شواهد المفصّل.

Ecriture distincte, mais manquant souvent de points diacritiques. 142 pages.

365 el-Ḫafâǵî.

Fragment de 228 pages de son ريحانة الالباء Assez bonne écriture.

366 Contient: 1⁰ la qaṣîda d'Abû Bekr Yaḥyâ ʿAbd el-Ǵalîl el-Andalusî pour l'Emîr Yaʿqûb I. Yûsuf I. ʿAbd el-Muʾmin I. ʿAli; 2⁰ une qaṣîda commençant par:

لولا سجوع حمائم الرند وهْنًا ولمعُ البرق من نجدِ

Bonne écriture. 6 pages.

367 Śams ed-dîn en-Nawâǵî.

مراتع الغزلان في الحسان من الجواري والغلمان.

Des vers se rapportant à ces sujets. Les premières pages manquent. Jolie écriture très distincte. 140 pages.

368 *Inconnu.*

كتاب الظرافة في اخبار الملوك والخلافة.

Joli livre d'Adab. Les vers sont presque toujours vocalisés. Ecriture maɣrabî très correcte. 182 pages.

369 es-Suyûṭî.

البارق في قطع يمين السارق.

Sur le plagiat des vers. Apographe de Moḥammad

I. ʿAlî ed-Daûdî, élève de l'élève de l'auteur. Ecriture lisible. Corrigé. 20 pages.

370 Abû el-Muẓaffar el-Emîr Usâma I. Munqiḏ el-Kinânî.

كتاب العصا.

Il est à désirer que ce bel ouvrage soit publié. Notre MS doit être collationné pour s'assurer des points diacritiques, qui manquent souvent, excepté dans les 17 dernières pages, qui sont toutes vocalisées. 194 pages.

371 Contient 5 qaṣîda de: Ǵemâl ed-dîn Moḥ. I. Aḥmed el-ʿAnzî el-Qoraśî, en l'honneur de l'Emîr Moḥammad I. el-Mehdî; 2⁰ es-Seyyid ʿIsâ I. Luṭf Allâh I. el-Moṭahhar à la louange d'es-Seyyid en-Nâṣir I. ʿA. er-Rabb; 3⁰ el-Faqîh ʿAlî I. ʿUfeyr, à la louange de ʿAlî I. Śams ed-dîn; 4⁰ Ṣârim ed-dîn I. Ibrâh. I. el-Mofaḍḍal, à la louange d'en-Nâṣir précédent; 5⁰ Śerif el-Ǵarrâǵ, à la louange du Śerîf Barakât à Mekka (v. n° 298). Toutes ces personnes sont yémanites. Bonne écriture. 18 pages.

372 Recueil de poésies de différents auteurs yémanites. 44 pages.

373 Qadam I. Qâdima el-Hamdânî el-Qaḥṭânî.

قصيدة في مفاخرة قحطان.

Apographe fait à Taʿizz, en 1140. 5 pages. Suivi de

الدقائق المُحْكَمة في شرح مقدّمة التجويد لابن الجزري

par Zakarîyâ el-Anṣârî. Très belle écriture. Très vocalisée. Même année. 27 pages.

374 Recueil de poésies: 1° Saʿîd es-Sumaḥî. Qaṣîda, 4 pages; 2° Lâlaḥ I. Ṣâlaḥ el-Aḥmar. Qaṣîda, 2 pages; 3° Aḥmed I. Moḥ. Tabîʿî; ainsi que quelques autres. Copie faite en 1190 dans le Yéman.

375 Recueil de poésies d'auteurs yémanites, précédé d'un tout petit fragment de Yatîmat ed-dahr. Ecriture très correcte, toute vocalisée. Apographe dʿI. Abî er-Riǵâl, en 1175. 24 pages.

376 Ḥaṣan Qoweydir el-Ḥalîlî.

الاغلال والسلاسل في مجنون اسمه عاقل.

ʿÂqil Efendî († 1270) avait plagié une poésie dont il s'attribua le mérite. On le découvre. Un savant le défend. Alors survient notre auteur, qui non seulement montre que la poésie était plagiée et mal plagiée, mais il en relève les erreurs et celles du défenseur de ʿÂqil. Cette histoire était une des causes célèbres de son temps. Très jolie copie corrigée. 18 pages.

377 Moḥ. I. Ḥoseyn I. ʿAlî I. en-Nawâǵî.

الحجّة في سرقات ابن حُجّة.

Belle copie moderne toute vocalisée. La fin manque. 12 pages.

378 *Inconnu.*

نزهة المشتاق في اخبار المتيّمين والعشّاق.

Livre érotique. Ecriture très nette. Grand format. 26 pages.

379 ᶜAbd Allâh I. ᶜAlî el-Wezîr el-Yemanî.

اقراط الذهب في المفاخرة بين الروضة وبير العرب.

Er-Rauḍa et Bîr el-ᶜArab sont deux beaux jardins a Ṣanᶜâ. Contient des détails intéressants sur l'histoire du Yéman. Bonne écriture. 18 pages. Grand format.

380 Moḥ. I. ᶜAlî I. ᶜAllân el-Mekkî († 1057).

دليل الفالحين شرح رياض الصالحين.

Le quatrième volume de ce commentaire du grand ouvrage d'el-Nawawî. Belle et excellente copie sous tous les rapports, faite en 1137. 578 pages. Grand format.

381 Ǵaᶜfar I. Śams el-Ḫilâfa († 622).

كتاب الآداب.

Le باب الابيات المفردات, ou des vers qui sont passés en proverbes, occupe 42 pages. Jolie copie, de l'année 974, d'un joli ouvrage.

382 *Inconnu.*

جامع اللغات.

Vocabulaire arabe-turc. L'arabe est classique. Ouvrage fort utile pour les lexicographes, et fort bien écrit. MS du onzième siècle. 304 pages.

383 ez-Zamaḫśarî.

مقدمة الادب.

Superbe copie ancienne. La dernière feuille, qui a été suppléée après coup, porte l'année 827 qui peut bien aussi être celle de notre MS. Le persan est en rouge. Beaucoup d'annotations.

384 el-Muḥsin I. el-Ḥasan Abû Ṭâlib el-Mekkî.

ذوب الذهب في محاسن من شاهد في عصره من اهل الادب.

Biographies d'hommes remarquables du Yéman du onzième siècle. Cet ouvrage, dont l'importance est hors de doute, fut composé pour le Śerîf ʿAlî I. Aḥmed I. Râǵeḥ I. Saʿîd. La fin manque. Gros volume d'une très belle écriture.

385 ʿAbd er-Raḥman I. ʿOmar I. Abî Bekr ed-Dimiśqî, connu sous le nom d'el-Ǵaubarî.

المختار في كشف الاسرار وهتك الاستار في علم الدَّكِّيَات والحِيَل.

Voyez sur ce livre les articles de Steinschneider et de de Goeje dans la Z. D. M. G., XIX p. 562, XX p. 485. Bonne copie moderne d'une écriture fort soignée.

386 Abû el-Qâsim I. Aḥmad el-ʿIrâqî.

عيون الحقائق وايضاح الطرائق.

Traité de prestidigitation, abrégé du livre de ce nom. Très joli petit volume d'une belle ecriture. 96 pages.

387 *Inconnu.*

البَهْجة الإِنْسيّة في الفراسة الانسانيّة.

Apographe corrigé de l'année 1192. Ecriture très nette. 78 pages.

388 Aḥmed ed-Damanhûrî el-Mâlikî († 1150).

النفع الغرير في صلاح السلطان والوزير.

Traité d'administration. Apographe fait en 1180; corrigé. Ecriture extrêmement distincte. 21 pages.

389 eś-Śeyḫ Moḥammad er-Raśîdî el-Falakî († 1295).

رسالة في علم الفراسة بالعُقْلة والابهام.

Minute de l'auteur. 8 pages.

390 I. Marzûq.

العيون الغامرة على خبايا الرامزة.

C'est le commentaire sur el-Ḫazraǵîe sur la prosodie. Apographe de l'année 1008. Corrigé. Fort bonne écriture. 246 pages.

391 Amîn ed-dîn Moḥ. I. ʿAlî el-Mahallî († 673).

شفاء الغليل في علم الخليل.

Traité de prosodie en prose. Ce n'est pas une ارجوزة, comme le prétend Ḥ. Ḫ. s. art. (v. nº suiv.). Les deux vers y cités se trouvent aussi sur le frontispice de notre MS, avec 3 autres:

جزاك الله عن علم الخليل مجازاة الخليل عن الخليل
فقد احييته من بعد موت وقد نبهته بعد الخمول

واوضحت السبيل اليه حتى هَدَيتَ اخا الضلال الى السبيل
وكنّا قد ايسنا منه حتى شفيتَ عليلنا بشفا ٱلغليل
رعاك الله من بحرٍ علينا مديدٍ بل بسيطٍ بل طويلِ

L'écriture de ces vers et celle du MS est la même. Nous sommes incliné à croire que notre MS est l'apographe du même es-Sirâǵ el-Warrâq mentionné par Ḥ. Ḫ. En tout cas, notre copie est excellente et ancienne. Corrigé. 90 pages.

392 *Même auteur.*

العنوان في معرفة الاوزان.

Urǵûza. Copie ancienne extrêmement bien faite. Toute vocalisée. Nombreuses notes marginales. Même apographiste que le n⁰ précédent. 24 p.

393 Moḥ. Abû ʿAbd Allâh, connu sous le nom d'Abû el-Ǵêś.

Contient: 1⁰ رسالة الاندلسيّة, 6 pages; 2⁰ متن الخزرجية, 5 pages; 3⁰ متن الكافي في علمَي العروض والقوافي 9 pages. Traités rimés de prosodie. Beaucoup d'annotations marginales. Belle écriture.

394 Neśwân I. Saʿîd el-Ḥimyarî († 573).

كتاب في العروض والقوافي.

Ecriture nette. 12 p.

395 *Inconnu.*

Petit traité de prosodie. Même apographiste que le n⁰ précédent. 10 p.

396 Abû ʿAbd Allâh, connu sous le nom d'Abû el-Ḥasan el-Maṣrî el-Andalusî.

اللمحة في علم العروض.

Apographe de l'année 1208. Même copiste que le nº précédent. 18 pages.

397 Moḥ. I. Mûsâ Kamâl ed-dîn ed-Demîrî.

شرح لاميّة العجم.

Composé en 779. 138 pages. Suivi de, 1º الميميّة d'Abû Firâs el-Ḥamdânî, 3 pages; 2º شرح لامية العرب par Mo'ayyad I. ʿAbd el-Laṭîf I. Saʿîd en-Naqḥawânî, Composé en 982. 15 pages. Apographe de l'année 1077. Corrigé. Bonne écriture.

398 Abû el-Baqâ' el-Uqburî.

شرح لاميّة العجم.

Copie du Xème siècle. La partie supérieure est rongée par les chélifères sans que le texte en ait essentiellement souffert. 54 pages d'une écriture petite, mais distincte.

399 Moḥammad I. ʿOmar Baḥraq el-Ḥaḍramî (v. nº 420).

شرح لاميّة العجم.

Apographe de l'année 1075. Tres bonne écriture vocalisée. 56 pages.

400 Recueil contenant, entre autres:

1º Muftî Zâdah er-Rûmî. تعديل الاركان. Sur la façon de dire les prières. 25 pages. 2º *Inconnu.* الشفاء في

ادواء الطاعون والوباء. Traité sur la peste et les épidémies, fort intéressant même au point de vue historique, 51 pages. 3° Demîrî (v. n° 397). شرح لاميّة العجم, 67 p. 4° اسماء الخمر.

Avec un nombre considérable de notes, qui souvent sont très utiles. Autographe de Muftî Zadah, qui était Qâḍî à Ṣafad. Ecriture de toute beauté. 278 p. Format long et étroit.

401 eṣ-Ṣafadî.

ادب الغيث الذي انسجم.

C'est véritablement l'abrégé du grand commentaire d'eṣ-Ṣafadî sur Lâmîyat elʿAǵam, mais dont nous ne connaissons pas l'auteur. Apographe très bien fait, tout vocalisé, de l'année 1079. Corrigé. 274 pages.

402 Abû el-Ḥaǵǵâǵ Jûsef I. Moḥ. el-Balawî.

الف با.

Premier volume; finit à la page ١٨, l. 19, du II vol. de l'édition du Caire (v. Brill, Cat. Période. I, n° 34). Copie ancienne. La fin est d'une autre main.

403 ʿAbd Allâh I. Emir el-Muʾminîn el-Mutawakkil ʿalâ Allâh el-Moṭahhar I. Slêmân I. Rasûl Allâh el-Yemanî.

كتاب الياقوت المعظّم المفوّف بعقد عقيان الحِكَم وسمط لآلي آداب الحروب ومحاسن الشيم.

Commentaire sur une Qaṣida de 172 bêt du père de l'auteur. Dans l'introduction, celui-ci fait l'éloge de cette qaṣîda „sans pareille", qui a pour titre عقد عقيان

الحكم. Roulant pour la plupart sur la guerre et les chevaux, elle offre en même temps dans chaque bêt une figure rhétorique. Le commentaire est fort étendu et d'une grande valeur. Il comprend la philologie, la rhétorique et l'histoire se rapportant, de loin ou de près, au sujet traité dans le bêt. Le livre est divisé en 1° كتاب روض القلوب في معرفة الحروب. Là commence la qaṣîda par:

بالحرب قد عزّ حِزْب الحقّ من قِدَم
فالحقّ بالحرب اضحى ثابتُ القَدَم

Parmi les renseignements intéressants de toute espèce que nous y trouvons, je relève celui-ci fol. 15a: وكان زهير ينقح قصيدته اربعة اشهر بعد نظمها ويعرضها على العلماء[1] اصحابه اربعة اشهر سمعتُ من والدنا عليه السلام[2] انّ زهيرًا وغيره عرض قصيدته فقيل مليحة فنقحها ثم عرضها فقيل بليغة فنقحها ايضا وعرضها فقيل قاتله الله.
2°, fol. 21a: كتاب الشموس في صفات الذَلول من الخيل والشَموس. Ce chapitre est motivé par ce vers de la qaṣîda:

وقوة من رباط الخيل تكرمها كرائم الاصل في افعال لم تدم

Il débute en passant en revue les chevaux remarquables au commencement de l'Islâm. A fol. 30a nous lisons une description des chevaux de la maison princière de Abû ᶜAbd Allâh I. Ḥamza (v. n° 227). Nous avons fol. 34b un فصل في ذكر خيل الصحابة, et fol. 36a un autre extrê-

---

1) MS sans l'article, ce qui n'est pas correct.

2) Un Yémanite a ici ajouté une note marginale: هنا تلميح غريب لطيف يعرفه كل اديب صرّيف فلله درّ هذا الخِضمّ المتلاطم والشاهق الذى جسمه بلآلى البديع متكاثفٌ متراكم.

mement curieux: فصل في ذكر الخيل المشهورة لغير فرسان العرب. Fol. 42a: صحابة في الجاهلية والاسلام. Il y en a 30. Suit l'histoire des chevaux, avec beaucoup de vers. Fol. 58b: فصل في خيل بني غسان وغيرهم. Fol. 60b: فصل في ذكر ما اشتهر من خيل الامراء. Fol. 61b: فصل في ذكر العرب في مملكة آل الرسول. Fol. 67a: باب في الاسنان شيء من خيل عرب الوقت. Fol. 68b: ذكر بعض اهل العلم بالخيل من الاعراب. Fol. 70a: الكلام في الخيل المُضْمَرة. Fol. 70b: صفة خيل. Fol. 71a: الكلام في إضمارها. Fol. 73a: الحلبة. Fol. 76a: هذه نبذة من صفات الخيل في الجري. السَبَق.
3º Fol. 79a: كتاب العُدَد باب الدروع. Fol. 80a: باب الخُوَد. Nous rapportons ici ce qui y a trait: الخود تسمّى الترائك الواحدة تريكة والخَيْضَعات الواحدة خَيْضَعة وقال المنصور الذُوَّابة[1] وقال في الحُلَل الربيعة وربما تسمى الرجلُ ربيعةً بها فصل في صفاتها منها ذات الجواشن والآناف ممتدة القوانس الى اعلى مَجْدولتها وتلك خود نجدٍ والحجار وهي عندنا احسن الاجناس واسترُها لوجه الفارس ورقبتِهِ[2] واسهلها عليه التفاتًا في الطراد وأهْيَبُها في العين ومنها النهاد وهي مثلها في الشكل الّا ان مكانَ الجَوْشن صفائحُ اربع تكون في النهاد دونه[3] وتلك خود اليمن الاسفل المحبوبة عندهم وسلاح العجم ومنها ما هو على شكل بَيْض الحيوان وهي مختلفة احسنها ما ابيضت[4] قونسها من غير دقّ مُفْرِط ويمكن صاحبها[5] في الانفتاح لانه مع ذلك تقي الوجه ولا يمنع البصر لبُعده

1) MS الدواته.

2) Nous avons suppléé و. 3) MS النهادونه.

4) MS ابيضّت; nous n'avons pas pu restituer ce mot.

5) MS حاحبها.

عنه عرفنا ذلك بالتجربة ومنها ما هو على هيئة الجِفان تسمّى مجفّنة ولا يُرى فيها حُسْنٌ ولا حلا وهذان الجنسان سلاحُ الجبل والخوذ جُمْلةٌ منها المترّك ومنها المنهّر ومنها المعرَّج فالمعرّج ما كان فُلوجه معوّجة والمنهّر ما استقامت فلوجه ويكون عَرْضُ الفَلْجِ قدرَ الإصبع او يزيد او ينقص قليلا والمترّك ما كان فيها مثل التَرْك للقلنسوة قدرُ اربع اصابع عرضُه واما سائر اجناس الخُوَذ العجميّة فلا طائل تحتها وهي كثيرة مختلفة فما كان فسيحا من خوذ العربِ متمكنا بغير إفراط فهو الغَرَض والله اعلم فصل قد تغنِي عن الخوذ المغافرُ وهي زَرَدٌ على قدر الراس منسكبٌ الى نحر الفارس وجنوبهِ واذا لبسه الدارِعُ قيل مقنَّع وكان مِغْفَر النبي صلى الله عليه واله وسلم يسمى السُبوغ[1] فاذا كمل سلاح الرجل قيل له مُوْدٍ ومدجّج وشائك وشاكي وشاكٍ. Fol. 80b: باب الرماح, où se trouve la description des drapeaux depuis l'Islâm. Fol. 85b: couleurs des chevaux. Fol. 88b: في ذكر الاعضاء والشِيات. Fol. 96b: الكلام في النحر وما يليه هو الصدر. Fol. 101b: باب الشِيات في الكلام في الارجل. Fol. 102b: القوائم وغيرها. Fol. 103b: باب الصفات الممدوحة. Fol. 105b: الصفات المركبة فالذي لا يجوز إفراده. Fol. 106b: وهذا ما سنح في اسماء. Fol. 109b: باب صفاتها المذمومة ذكر اصواتها. Fol. 110a: الخيل وصفاتها جملةً وتفصيلا. Fol. 110b: ذكر دعايها وزجرها. Fol. 111a: ذكر العلل الحادثة واسبابها وعلامتها et la manière de les traiter. Fol. 119b: الكلام في احكام الخيل الشرعيّة. Fol. 122a:

---

1) MS السبوع. I. el-Aṯîr dit dans en-Nihâya, s. v.: كان اسم درع النبي صلعم ذو السُبوغ لتمامها وسَعتها.

الكلام فيما يصلح منها للطلايع والصفوف والمكامن امّا التي تصلح للطلايع والغارات فالاناث لعدم تصعبها وللينها وسبقها وطيبها وامّا ما يصلح للصفوف والعراضات ايضا فالفحول لقوتها وشهامتها واصواتها وما فيها من زينة ورغب وامّا ما يصلح للمكامن والمغاري فالمخاصي لصبرها وطوعها وعدم اذيّتها. Nous avons voulu faire connaître ce passage, parce que c'est presque textuellement l'appréciation d'un chef bédouin avec lequel nous nous sommes trouvé dernièrement. 4° Fol. 122a: كتاب السلوان في صفات الفرسان. 5° Fol. 125b: كتاب الفحفاح في معرفة السلاح. Il est divisé en: باب الاتراس, fol. 125b: باب السيوف, fol. 126a, avec la description des sabres de quelques personnages historiques. باب القِياس, fol. 131a. A propos d'une ḥomeyna, l'auteur dit, fol. 134a: وهذا يسمى المستحيل واول من سنّ الغنا في اليمن ذو جَدَن و معنى ذو جدن حسن الصوت. Fol. 136b: السهام. Fol. 139a: باب الخناجر. A partir du fol. 140a le commentaire ne roule que sur des sujets religieux ou historiques. De cette partie nous ne pouvons citer que فصل في ذكر نوادر من العلماء, fol. 187b. Le livre finit par une qaṣîda du commentateur. Apographe d'es-Seyyid Ṣalâḥ I. ʿAlî el-Kabsî en 1086. Nous avons tâché de donner une idée du contenu de ce précieux MS, mais nous sommes bien loin d'avoir relevé tous les renseignements plus ou moins importants qu'on y trouve à profusion. Au premier coup d'œil le MS paraît parfait: il est écrit avec beaucoup d'élégance, les nombreux titres sont en encre rouge et fort soignés, de même que le matn. Mais une étude approfondie montre bientôt qu'il n'en est rien: les points diacritiques manquent trop souvent, et le copiste ne paraît pas avoir toujours procédé avec connaissance de cause. Malgré ce défaut, auquel un maître pourra facilement remédier, notre MS est d'une haute valeur, et mérite certainement d'être publié. 386 pages.

404 Ḫiḍr el-Mauṣilî.

الإسعاف شرح شواهد الكشاف.

Le commencement et la fin manquent. Excellent apographe très soigné du Xme siècle. 182 pages.

405 Moḥ. I. ʿAbd Allâh I. Emîr el-Muʾminîn Yaḥyâ Śaraf ed-dîn.

الروض المرهوم بالدرّ المنظوم.

Dîwân. L'illustre prince naquit le 29 Ḏi-Ḥûǵǵa 938 à Śabân, dans le districte de Kaukabân, sous le règne de son grand-père Śaraf ed-dîn, et mourut, à la fleur de son âge, en 1010, du temps de Sinân Pâśâ, ainsi qu'il ressort de sa biographie assez détaillée écrite par ʿÎsâ I. Luṭf Allâh I. el-Muṭahhar, qui a réuni ce Dîwân. Nous sommes ici en présence d'un ouvrage remarquable, comme tant d'autres des grands personnages du Yéman. Les données historiques de plusieurs poésies sont très importantes. Copie fort soignée, d'une belle écriture, de l'année 1222. Corrigé. 282 pages.

406 Śaddâd I. el-Hâdî el-Yemanî.

وصيّة شداد بن الهادي لولده.

Apographe de l'année 1066. Ecriture distincte, quelquefois sans points diacritiques. 6 pages. Grand format.

407 eś-Śeyḫ el-aǵall Abû el-Qâsim el-Yemanî.

التُحَف والانوار المنتخبة من البلاغة والاشعار.

Incomplet. 10 pages de grosse écriture, souvent sans points diacritiques. Grand format.

408 Nâṣir ed-dîn Moḥ. I. ʿAbd Allâh I. Qir-Qamâs († 883).

الغيث المريع على زهر الربيع في شواهد علم البديع.

Apographe moderne, corrigé par le savant śeyḫ Naṣr-el-Ḥûrînî et Ḥamîd Bek (v. n° 6), en 1273. II volume, ayant appartenu à Ḥoseyn Sirrî Pâśâ en 1282. Les dernières pages manquent. Très jolie copie. 419 pages.

409 *Recueil* de poesies: 1° Qaṣîda: الى متى انت باللذّات مشغولُ, 13 pages; 2° Taḫmîs par Ismâʿîl el-Muqrî eś-Śâwirî: الى كم تمادٍ في غرور وغفلةٍ, 10 pages; 3° Qaṣîda par ʿAbd el-Laṭîf el-Qoṣoyʿî: اذا قيل من ازكى البرايا, 2 pages. Avec des notes et un hâmiś. Belle écriture très distincte.

410 ʿAlî I. Ḥosâm ed-dîn el-Yemanî, connu sous le nom d'el-Muttaqî.

الوسيلة الفاخرة في سلطنة بني الدنيا والآخرة.

Ouvrage didactique à l'adresse des rois. 59 pages. Suivi de la Maqṣûra d'Abî el-Fatḥ el-Ḥasanî el-Yemanî:

قالت ولم تنطق باقوال الخنا
والدمع هامٍ مثل مُصْوَبِ الحيا

يـا جـارتـي إنّ الـفـتـى انـكـرتُـه
ولـم أُبِـح آلا الـيـك لا سِـوى
انـكـرتُـهُ فـي فِـعْـلِـهِ وقـولـهِ
كمَن على الخمسين عامًا قد ردى
يـبـات فـي لـيـلـتـه مُـهَـيْـمِـنًـا
ويرقم الصحف اذا الجوّ آنجلى

Cette jolie maqsûra a 268 bêt. Elle mérite bien d'être publiéé. Très belle écriture, souvent vocalisée.

411 es-Suyûṭî.

إتحاف النبلاء باخبار الثقلاء.

Recueil de vers à propros des personnes inportunes et ennuyeuses. Ecriture nette, suffisamment vocalisée. Copie ancienne. 12 pages. Petit format.

412 ʿAbd el-Muʾmin I. Aḥmed el-Bekkâ.

رسالة المعمّيات.

Quelques feuilles manquent au milieu. Bonne écriture très distincte. 18 pages.

413 Śams ed-dîn Aḥmed I. Aḥmed el-Ânisî el-Yemanî, connu sous le nom d'el-Qahda. Qaṣîda à la louange de ʿAbd el-Qâdir I. en-Nâṣir Emîr el-Yeman:

سلامٌ كنشر الروض يعبق رياه   على معهدٍ بالرَّقْمتَيْن عهدناه

5 pages d'une fort belle écriture suffisamment vocalisée.

414 ʿAbd Allâh I. Slêmân I. ʿAlî el-Ǵaun.

الرياض الادبيّة في شرح الخُمُرْطاشيّة.

Commentaire sur la Maqsûra d'Aḥmad I. Ḫomorṭâś el-Ḥimyarî, poète célèbre, mort en 558, à l'âge de 18 ans, ainsi que nous l'apprend Abû Maḫrama (nº 233, fol. 38a). A l'avant-dernière page le commentateur dit: وقد انتهى الفراغ بحمد الله ومنّه وكنت لما شرحت هذه المقصورة عند استكمال ثماني عشرة من السنين وبلوغ الاشدّ بحمد الله المعين بقيت متردّدا بين إظهاره او طمس آثاره بضع سنين مستخيرا الله تعالى ومستخلصا منه النية مستصلحا من فضله الطوية حتى قوّى الله العظيمُ في تهذيبه وإبرازه واوفا بالوعد لطلابه. Très belle copie, probablement écrite de la main de l'auteur lui-même. Le matn est tout vocalisé. 230 pages.

415 ʿAbd el-Ḥamîd el-Madâinî, connu sous le nom d'Ibn Abî el-Ḥadîd († 655).

الفَلَك الدائر على المثل السائر.

Refutation des erreurs commises par Ibn el-Aṯîr, frère de l'historien (v. Brill, Catal. Périd. I. nº 10), dont le livre, également attaqué par eṣ-Ṣafadî (Cat. Leid. I. 137) jouit toujours d'une grande considération en Orient. Jolie copie moderne, collationnée. 264 pages. Grand format.

416 Nâṣiḥ ed-dîn Abû Bekr I. Aḥmed I. Moḥ. I. el-Ḥoseyn el-Arraǵânî († 544).

ديوان.

V. I. Ḫallik., éd. Caire, vol. I, p. 84. Jolie et bonne copie moderne, non complétement terminée, faite pour

Sâmî Pâšâ el-Bârûdî, qui a disposé le Dîwân selon la rime. 146 pages. Avec un fragment du même Dîwân, ayant appartenu au dit Pacha. Il y est arrangé comme il a été transmis. 40 pages d'une écriture parfaite.

417 el-Badîᶜ el-Hamadânî.

Fragment moderne de ses رسائل, (Brill, Cat. périd. I, nº 4). 20 pages..

418 el-Muẓaffar I. el-Ḥuseyn el-Muweysîqî el-Ḥuṣnî.

الكاشف.

Traité sur la musique. Très belle écriture. 20 pages.

419 eš-Šeyḫ et-Tûnisî el-Mâlikî.

فرح الأسماع برُخَص السَماع.

Traité sur la musique au point de vue religieux. Copie, fort bien écrite, de l'année 1175.

420 Muḥammad I. ᶜOmar Bahraq el-Ḥaḍramî.

مُتْعة الاسماع باحكام السماع.

Même sujet. Jolie écriture taᶜliq. Collationné. 17 pages.

421 Aḥmed I. Moḥ. eṭ-Ṭûsî.

بوارق الإلماع في تكفير من يحرّم السماع.

Même sujet. Ecriture grosse et nette. 8 pages.

422 *Inconnu.*

Fragment de recueil de chansonnettes modernes, arrangées selon le rythme et le genre. Bonne écriture. 14 pages.

423 el-ᶜAllâma ᶜAbd el-Ǵelîl Efendî Barrâda (grand savant médinois encore vivant).

قصيدة تهنية للشريف عبد الله بن عون امير مكة عند قدومه منصورا من حرب عسير. (1275)

Autographe de l'auteur. 6 pages d'une belle écriture.

424 Recueil de: 1° 2 Lettres d'Ibn el-Huǵǵa à ed-Damâmînî; 2° d°, du Šeyḫ ᶜAbd el-Hâdî Neǵâ el-Abyârî à un compatriote, avec des notes explicatives; 3° réponse du Šeyḫ Qoṭṭa el-ᶜAdawî (v. Brill, Cat. Périod. I, n° 61) et du Šeyḫ Ibrâhîm ed-Dusûqî à un savant européen; sur la langue. Non terminé. Copie excellente provenant de la bibliothèque de Sâmî Pâšâ el-Bârûdî. 42 pages.

425 Aḥmed el-Ezbekâwî el-Maṣrî.

ديوان.

70 pages d'une écriture parfaite. Provenant de la bibliothèque de Sâmî Pâšâ el-Bârûdî. Incomplet.

426 Ibn er-Rûmî († 283).

ديوان.

Même provenance. 200 pages d'une fort belle écriture. Incomplet.

427 Moḥ. I. Aḥmed el-Amawî el-Abîwardî († 507).

ديوان.

Comprenant: 1° النجديّات, 17 pages; 2° العراقيّات,

102 pages, non complets. الوجديّات manquent donc totalement. Le جامع de ce dîwân est Ibrâhîm I. el-Ḥaggâg ʿAlî el-Aḥdab eṭ-Trâbulsî (cf. Cat. Mus. Brit. p. 285). Ecriture moderne qui ne laisse rien à désirer. Même provenance. 120 pages.

428 el-Boḥtorî.

Fragment de son Dîwân. 74 pages d'une très belle écriture moderne. Même provenance.

429 el-Abuṣîrî.

الهمزيّة.

Rempli d'annotations marginales. Le matn est vocalisé. 64 pages.

430 Recueil de poésies, parmi lesquelles se trouvent une lettre et une qaṣîda en حروف مهملة, sans une seule lettre ayant besoin d'un point diacritique, et une autre qaṣîda où toutes les lettres sont معجمة. Ecriture parfaite. 22 pages.

431 Cahier de grand format contenant un fragment de سفر السعادة de Feyruzabâdî et un autre fragment d'une espèce de محاسن واضداد d'auteur inconnu. 21 pages.

QUATRIÈME PARTIE.

Médecine.

432 Nefîs I. ʿAwaḍ I. Ḥakîm el-Karmânî.

شرح المُوجَز.

Cet ouvrage, très étudié aux Indes, est connu sous le nom d'en-Nefîsî. Le matn, en prose, est de ʿAlâ ed-dîn ʿAlî I. Abî el-Ḥazm el-Qorašî. Très bel exemplaire collationné et corrigé deux fois. Bonne écriture. Les points diacritiques manquent quelquefois. 490 pages.

433 Moḥammed Mu'min Ḥoseynî.

تحفة المؤمنين.

Il commence par: التشخيص الرابع في تداوي السموم. Bonne écriture. 246 pages. Grand format. Incomplet.

434 el-Azraq el-Yemanî ez-Zebîdî.

كتاب الطبّ.

Après avoir passé en revue, d'une façon assez intelligente, les méthodes alors scientifiques et reçues en Orient, l'auteur s'engage sur le terrain des superstitions populaires, qui font encore aujourd'hui partie de la médecine orientale. MS ancien de trois cents ans. Superbe écriture. Collationné et corrigé. 442 pages. Grand format. Les dernières feuilles manquent.

435 Rašid I. ʿAmîra Rustâqî.

مقاصد الدليل وبرهان السبيل.

Ecriture de toute beauté. Après la fin du livre, à

partir du fol. 106. se trouve un doublet de l'ouvrage. Grand format de 380 pages. Belle reliure.

436 Aḥmed ed-Damanhûrî.

الكلام اليسير في علاج المقعدة والبواسير.

Bel apographe. 28 pages.

437 *Même auteur.*

منتهى التصريح بمضمون القول الصريح في علم التشريح.

Apographe de l'élève de l'auteur Ḫalîl I. Aḥmed el-Madâbiṛî, de l'année 1108. Bonne écriture. 14 pages.

438 ʿAbd el-Laṭîf I. Mûsâ el-Muŝerreʿ.

كتاب الأعراض في مداواة الامراض.

Contient aussi beaucoup de notes médicales et des vers. Minute de l'auteur. 124 pages. Ecriture qui laisse à désirer.

439 *Inconnu.*

رسالة في النَبْض والعلامات الدالّة على الامراض.

Commence par: الفصل الخامس في علامات الح.

Excellente copie. 46 pages.

440 ʿAbd er-Raʾûf el-Manâwî († 1035).

النزهة الزهيّة في احكام الحمام الشرعيّة والطبّيّة.

Incomplet et provenant de deux copies différentes. Bonne écriture. 28 pages. Suivi d'un autre ouvrage sur le même sujet, traité au point de vue littéraire. 35 pages. Ecriture difficile à lire. Autographe de l'auteur.

CINQUIÈME PARTIE.

Astronomie et Astrologie.

441 Abû el-Feth es-Sûfî.

كتاب الزيج في علم الفلك.

L'auteur dit, p. 56: حررنا ذلك في سنة ثمانية وسبعين بعد تسعماية وكان الباقي من كل تاريخ ما رسمناه هاهنا والسلام (cf. Cat. Leid. III, p. 131). Notre MS semble être du temps de l'auteur ou peu après. Bonne écriture maṛrabî. 66 pages.

442 Aḥmed I. Ṛolâm Allâh I. Aḥmed, connu sous le nom de el-Kâm er-Rîŝî (ville en Egypte près de Damanhûr).

اللمعة في حلّ الكواكب السبعة.

Apographe excellent de ʿAbd el-Ḥay el-Ḥoḍarî ed-Domyâṭî, savant distingué encore vivant et dont le père a commenté l'ouvrage en question. 52 pages. Grand format.

443 Fragment de 116 pagés d'un traité d'astronomie dont nous ne connaissons ni le titre ni l'auteur. Sans points diacritiques.

444 Contient: 1⁰ Tables astronomiques à l'horizon de l'île de Java. Avec annotations en langues malaise. 47 pages. 2⁰ Tables astronomiques à l'horizon de Mekka; en arabe et en malais; 63 pages. On observera la carte synopti-

que montrant la distance qui sépare les Iles de l'archipel indien et quelques localités connues de l'équateur. Joli MS de l'année 1170.

445 *Inconnu.*

سُلّم المنارة في الكواكب السيّارة.

Incomplet. 30 pages.

446 Contient: 1° Yaḥyâ I. Muḥsin I. Aḥmed. I. Râǵeḥ.

مُفيدة السائل عن حلول الشمس في المنازل.

Depuis l'année 1160 jusqu'à l'année 1253. La fin offre une digression sur les noms des mois chez les Orientaux et sur ce qu'on doit manger dans chaque mois. Composé, et apographié par l'auteur, en 1182. 104 pages. 2° Tables astronomiques, 4 pages. 3° Ḥoseyn I. Zeyd I. ʿAlî I. Ǵaḥḥaf, كتاب اليواقيت في معرفة المواقيت. Liste des incidents, se rapportant au ciel, au climat, à l'agriculture etc., qui doivent arriver chaque jour de l'année. Cet ouvrage est beaucoup plus intéressant qu'on ne le croirait; 13 pages. 4° Tableau synoptique donnant le nom, la place et la configuration de 28 groupes d'étoiles. Curieux et utile pour préciser la signification de ces noms arabes; 1 page. 5° منظومة للحافظ عبد الله بن اسعد اليافعي مقتضى شهور الروم وما يُستعمل من الغذاء فيها وما يُتجنّب; 4 pages. Joli MS d'une écriture très distincte.

447 Bedr ed-dîn Moḥammad Sibṭ el-Mâridînî († 934).

رقائق الحقائق في حساب الدَرَج والدقائق.

MS provenant de quatre copistes différents; il est

complet. Quelques feuilles sont assez anciennes. Suivi de: ʿAbd el-Fattâḥ I. Ibrâhîm أسنى الغايات في علم الميقات. A l'horizon de Lâḏiqîya. Incomplet.

448 Ḥasan el-Ǵabartî (père de l'historien).

حقائق الرقائق على رقائق الحقائق.

Commentaire de l'ouvrage précédent. Très employé en Orient. Bel apographe corrigé. 72 pages.

449 eś-Śeyḫ Yaḥyâ el-Ḥaṭṭâb el-Maṣrî.

وسيلة الطّلاب لمعرفة الليل والنهار بطريق الحساب.

Apographe d'Ibrâhîm es-Sindiyûnî eś-Śâfeʿî. Très bonne écriture. 28 pages.

450 *Même auteur.*

سلك الدّرين في حل النيّرين.

Belle écriture distincte. Incomplet. 30 pages.

451 Ǵemâl ed-dîn ʿAbd Allâh el-Mâridîni († 804).

الدرّ المنثور في العمل بربُع الدستور.

Traité sur l'emploi du quadrant astronomique. Bel apographe moderne corrigé. 94 pages.

452 Fragment des Tables Hâkimites, ayant appartenu à un MS du 5 siècle. 30 pages.

453 Ramaḏân I. Ṣâleḥ eṣ-Ṣafṭî el-Ḫawânikî.

كفاية الطالب لعلم الوقت وبُغية الراغب.

Bel apographe moderne, collationné. 148 pages.

454 *Inconnu.*

رسالة في عمل البسيطة.

Traité sur le cadran azimutal. Fort bonne écriture. Corrigé. 22 pages.

455 Ibn eś-Śâṭir.

Tables astronomiques d'Oluṛ Bek. Belle copie ancienne, moins les 2 premières feuilles.

456 *Inconnu.*

رسالة في معرفة تقويم القمر وحساب الاهلّة.

Belle écriture très nette. 4 pages.

SIXIÈME PARTIE.

Sciences.

457 Abû el-ᶜAbbâs Aḥmed I. Abî ᶜAbd Allâh, connu sous le nom d'Ibn el-Bennâ.

كتاب الجبر والمقابلة.

Ce MS doit remonter au 7ème siècle, à en juger par le papier et l'écriture. Celle-ci est très correcte. Collationné et corrigé. 110 pages.

458 ᶜOṯmân I. Moḥ. el-Mowarraᶜî.

شرح القواعد الوضّاحة في علم المساحة.

Minute de l'auteur, de l'année 1155. 16 pages.

459 Yaḥyâ I. Moḥ. I. Abî eś-Śukr el-Maṛribî.

L'auteur dit dans la préface: هذه مقالة ذكرتُ فيها Traité. ما يتفرّع عن الشكل القطاعي من النِسَب المؤَلّفة de géométrie. Bonne écriture. Collationné. 26 pages.

460 Traité d'arithmétique commençant par: إعلم وفقنا اللـه واياك ان الهندي مبـني على تسـع صور وهي هذه الحز. Apographe de Moḥ. el-Ḥayûrî, en 1113. Bonne écriture. Notes marginales. 48 pages.

461 Mûsâ I. Moḥammed, connu sous le nom de Qâḍî Zâdeh er-Rûmî († 815).

Commentaire de اشكال التناسيس, par Śams ed-dîn Moḥ. I. Aśraf es-Samarqandî, composé pour le fils d'Oluṛ Bek. Apographe du grand savant Ibrâhîm Ḥeġâzî es-Sindiyûnî, qui a étudié ce livre, „moins quatres feuilles", avec son śeyḥ Moḥ. ed-Dusûqî en 1204. Gloses interlinéaires. Bonne écriture. 62 p.

462 *Même livre*, apographié en 1094. Avec beaucoup de notes marginales et de figures géométriques. 69 pages. Suivi d'une رسالة, sur les substantifs qui sont féminins سماعًا. 2 pages. Écriture taʿlîq lisible.

463 Ḥasan el-Ġabartî.

رسالة في علم القبّان والميزان. Bon apographe de l'année 1260. 72 pages.

SEPTIEME PARTIE.

Sciences occultes.

464 ᶜAlî I. Abî Ṭâlib.

الجَفْر الكبير.

On lira l'article intitulé علم الجفر والجامعة dans Ḥ. Ḫ. Ce livre volumineux ne contient que des *tables horoscopiques alphabétiques.* Ǵaᶜfar eṣ-Ṣâdiq, fils de Moḥammad el-Bâqir, aurait, selon la tradition, développé la première table, écrite par ᶜAlî sur une peau d'agneau (جفر). C'est celui-ci qui est, selon le dire des orientaux, le véritable auteur de cet ouvrage, qui est aussi appelé جفر ابي طالب ou الجفر الجامع. La science augurale alphabétique est encore exercée en Orient, où ce livre constitue la plus grande autorité. Il y est pourtant rarissime, et l'on nous a assuré qu'il n'y en a dans le monde que dix exemplaires, dont l'un a été vendu, à notre connaissance, 1000 £. L'emîr de Mekka, ᶜAbd el-Muṭṭalib, encore vivant, en fit faire une copie qui lui coûta 300 £. Le volume a 39 centm. de hauteur et 32½ de largeur. Chaque page a 784 cases; chaque case porte 4 lettres. Pour les 784 pages du livre, cela fait donc 2,458,624 lettres. Fort joli exemplaire relié en maroquin vert.

465 eś-Śahrâfî.

شرح الشجرة النعمانيّة.

Commentaire de l'ouvrage de Muḥyî ed-dîn I. el-ᶜArabî: الشجرة النعمانية في الدولة العثمانية. Prédictions, encore considérées en Orient, et tirées de l'ouvrage précédent, sur les sultans de Stamboûl. Apographe moderne. Belle écriture. 22 pages.

466 Muḥyî ed-dîn I. el-ᶜArabî († 638).

شرح الشجرة النعمانية.

Bon apographe moderne corrigé. 28 pages.

467 Ṣadr ed-dîn el-Qûnawî.

اللمعة النورانية في مشكلات الشجرة النعمانية.

Apographe moderne. Collationné. Très bonne écriture. 46 pages.

468 Ṣalâḥ ed-dîn eṣ-Ṣafadî.

شرح الشجرة النعمانية.

Apographe moderne. Collationné. Très bonne écriture. 28 pages.

469 Aḥmed I. Moḥ. el-Maqqarî el-Maṛribî.

شرح على الشجرة النعمانية.

Apographe moderne collationné. Bonne écriture. 14 p.

470 *Inconnu.*

مفتاح الجفر.

Apographe moderne. Ecriture parfaite. 16 p.

471 *Inconnu.*

الوِتْر والشَفْع في شرح عظائم النفع.

Le matn est de Muḥyî ed-dîn I. el-ᶜArabî. Apographe moderne. Très bonne écriture. Collationné. 24 p.

472 Kamâl ed-dîn Abû Sâlim Moḥ. I. Ṭalḥa el-Bisṭâmî († 652).

الدرّ المنظّم في السرّ الاعظم.

MS *ancien* d'une écriture parfaite, souvent vocalisée. Cat. Gotha. 1258. 40 pages.

473 *Même auteur.*

إيناس الحِكَم من انفاس ابي الحَكَم.

MS *ancien.* Même apographe que le n° précédent. 12 p.

474 Contenant: 1° رسالة في علم الرمل d'auteur inconnu, 16 pages. 2° Behâ ed-dîn Moḥ. el-ʿÂmilî. شرح اللغز. 70 pages. Taʿlîq parfait.

475 *Inconnu.*

رسالة في علم الرمل.

Ecriture négligée, mais lisible. 12 pages.

476 eś-Śeyḫ Zeyn ed-dîn el-Ḫoṭâ'î.

الجداول الزهرية في ايضاح علم الرمل والزايرجة الخفيّة.

Un زايرجة en vers. Cf. Cat. Gotha 1387. Bel apographe de l'année 1289. Petit format. 98 pages.

477 eś-Śeyḫ Moḥ. el-Ḥabîbî.

كتاب في الجفر والرمل.

Bonne écriture. 60 pages.

478 *Inconnu.*

اجتماع الشمل في معرفة علم الرمل.

Apographe de l'année 1199. Très bonne écriture. 74 p.

479 Sâmûr el-Hindî.

رسالة في علم الخافية.

Très beau MS de l'année 1114. 26 pages.

HUITIÈME PARTIE.

Alchimie.

480 ʿAlî I. Mûsâ, connu sous le nom d'Ibn Arfaʿ Râs el-Andalusî el-Migrîṭî († 500).

شذور الذهب.

Bel apographe moderne, v. Cat. Gotha, 1289. 90 pages.

481 ʿIzz ed-dîn Eydimîr el-Ǵaldakî († 750).

غاية السرور في شرح ديوان الشذور.

V. Cat. Leid. III, p. 205 et suiv. Bel apographe moderne „corrigé par el-Ustâḏ Burhân ed-dîn", 244 p.

482 Abû Mûsâ Ǵâbir I. Ḥayyân eṣ-Ṣûfî.

Contient: 1° كتاب البقية. 53 pages. Commence par كتاب العين من جُملة الاثنين 2° الباب الثاني قمر والثلاثين كتابا في الموازين, 6 pages. 3° كتاب الأدلّة من جملة الح, 62 pages. Copie ancienne, d'une bonne écriture, mais manquant souvent de point diacritiques.

483 Abû el-ʿAbbâs el-Ṛamrî.

حلّ الطِلْسَم في كشف السرّ المُبْهَم.

Bonne écriture très correcte, 22 p.

484 Abû Naṣr Moḥ. I. Ṭarḫân el-Fârâbî el-Feylasûf († 309).

كتاب في علم المزاج.

Très belle copie moderne collationnée. 24 p.

485 Abû el-Iṣbaᶜ Abd el-ᶜAzîz I. Tammâm el-ᶜIrâqî. C'est le commentaire d'el-Qâbisî sur la qaṣîda d'Abû el-Iṣbaᶜ commençant par:

وذاتُ دلٍّ لها لحظٌ وثِنْيان.

Le šâreḥ dit: قال المؤلف قرأت هذه القصيدة على الاديب ابي القاسم البطليوسي بالمسجد الجامع بمدينة قرطبة قال قرأتها على افرودين العراقي بن معمر القاسمي قال قرأتها على عبد الدائم ابى عبد الله العراقي قال قرأتها على الحكيم الفيلسوف ابي الاصبع عبد العزيز

Bon apographe souvent vocalisé, de l'année 1125. 18 p.

486 el-Ḥasan I. ᶜAlî I. Moḥ. el-Isbahânî, connu sous le nom eṭ-Ṭoġrâ'î.

حقائق الاستشهاد

L'auteur de Lâmîyat el-ᶜAǵam refute ici I. Sînâ en voulant prouver la vérité de l'alchimie. Jolie copie moderne corrigée, avec des notes marginales. 38 p.

NEUVIÈME PARTIE.

Exégèse qorânique.

487 Abû el-Ḥasan ʿAlî I. Moḥ. I. el-Imâm el-Manṣûr el-Yemanî.

السفر الاول من كتاب تجريد الكشّاف مع زيادات ونُكَت لطاف.

Commentaire bref, précédé d'un chapitre sur فضل القرآن. Le colophon porte: تمّ السفر الاول من تفسير القرآن الكريم يوم الاحد حادى عشر من شهر ربيع الاخر سنة ثلاثة وثمانين وثمان مئة بخطّ مالكه محمد بن يحيى بن يحيى البها. Une note à la fin dit: بلغ قصاصةً [1] في مواقف عديدة على نسخة الوالد عماد الدين يحيى بن صالح وهي على نسخة الاصل كاتبه حسن بن يحيى القرشي القِلَعي. Ce volume arrive jusqu'à la fin de Sûrat el-Kahf après quoi viennent quelques données plus ou moins historiques. Bonne écriture assez vocalisée. Gros volume de 528 pages. Rempli de notes marginales.

488 es-Suyûṭî.

الاتقان في علوم القرآن.

Apographe superbe sous tous les rapports, de l'année 1046. Cet ouvrage sans rival et tout-à-fait indispensable attend encore son éditeur, car l'édition du Caire, faite par un juif, sans collation ni révision des épreuves, doit

---

1) قصاصة appartient au dialecte du Yéman et signifie مقابلة.

être considéré comme nulle et non avenue. Collationnée. L'original de l'auteur se trouve au Mus. Brit.

489 Abû Isḥâq Aḥmed I. Ibrâhîm eṯ-Ṯa'labî en Nîsâbûrî († 427).

الكشف والبيان في تفسير القرآن.

Partie du premier volume allant jusqu'à la fin de Śûrat el-Baqara. Manquant souvent de points diacritiques. MS du VIème siècle. 216 p.

490 ʿAbd Allâh I. Moḥ. en-Neǵrî.

مِعيار اغوار الافهام في الكشف عن مناسبات الاحكام.

Concordances des versets qorâniques. Ecriture assez distincte. Corrigée. Beaucoup de notes marginales. Apographe de l'année 966. 158 p.

491 *Même auteur*.

شرح الخمس المائة الآية.

Commentaire sur les 500 passages du Qorân sur lesquels est basé le fiqh. Ecriture correcte. Apographe de l'année 966. 114 pages. Grand format.

492 Moḥ. I. Aḥmad I. ʿAlî I. el-Welîd el-Qoraśî.

الجزء الرابع من ثمانية من قواعد الايمان في معرفة جُمَل فوائد القرآن.

Depuis Sûrat el-Anfâl jusqu'à Sûrat Ibrâhîm. MS du VIème siècle ou peu après. Ecriture yémanite soignée, mais manquant souvent de points diacritiques. Corrigé par une main relativement moderne. 264 pages.

493 *Inconnu.*

البرهان في علوم القرآن من الغريب والإعراب والتفسير والاحكام والناسخ والمنسوخ والاشتقاق من .... والوقف وعدد الآي.

Bonne écriture yémanite, manquant quelquefois de points diacritiques. MS du VIIème siècle. Incomplet. 188 p.

494 Aḥmed I. Slêmân, connu sous le nom d'Ibn Kamâl Pâšâ († 940).

تفسير القرآن.

Volume comprenant la partie depuis le commencement jusqu'à Sûrat Hûd. L'auteur n'a jamais fini son œuvre. Ecriture très bonne et lisible. Corrigé. Un peu rongé par les chélifères. Grand format.

495 Yûsuf I. Aḥmad I. Moḥ. I. ʿOṯmân el-Yemanî.

الثمرات اليانعة.

L'auteur dit dans la préface: ولما رُمتُ ذلك استطار القلب شوقًا لما هنالك عملتُ الفكر واجلْت النظر في منار اهتديه وسبيل اقتفيه بعد ان طالعتُ عدّةً من كتب الفقه والتفسير فوقفت على ما وضعه الاميرُ الخطير في كتابه المسمّى بكتاب الروضة والغدير وهو كما قال انه تصنيف لم يُسبَق اليه وتاليف لم يراحَم عليه وهذا السيد هو السيد عز الدين محمد بن الهادي بن تاج الدين C'est de ce livre er-Rauḍa wa el-Ṛadîr que notre autre s'est servi comme base de travail. La préface expose au long les règles, la méthode et la terminologie de l'interprétation qorânique. Le commentaire est fort remarquable, faisant toujours ressortir de quel verset une telle partie du fiqh a été prise, مآخذ الاحكام.

On y trouvera des renseignements et des appréciations qui sont tout nouveaux. Le savant šeyḫ Amîn el-Madanî s'est servi pendant de longues années de cet ouvrage, auquel il attribue une grande valeur. Le premier volume est d'une écriture fort soignée et largement vocalisée. Corrigé. Notes marginales. L'écriture du second volume est plus négligée et sans voyelles, quelquefois aussi sans points diacritiques. Une autre copie de cet ouvrage n'est pas connue en Orient. Apographe de l'année 1111. 2 gros vol., grand format.

496 Marʿî I. Yûsuf el-Ḥanbalî el-Maqdisî († 1033).

الكلمات السنيات في آية : وبَشِّر الذين آمَنوا وعَمِلوا الصالحات. (Qor. II, 22)

Joli apographe de l'année 1124. 12 p.

497 *Même auteur.*

اقاويل الثقات في تاويل الاسماء والصفات والآيات المحكمات والمتشابهات.

Ecriture très soignée. Apographe de l'année 1025. 106 p.

498 Aṯîr ed-dîn Abû Ḥayyân Moḥ. I. Yûsuf el-Andalusî († 745).

النهر من البحر.

2 vol. depuis le comméncement du S. Âl-ʿImrân jusqu'au commencement de S. el-Anfâr. Superbe exemplaire d'une écriture parfaite. MS du 9 siècle. 733 pages, grand format. V. Cat. Leid. IV, p. 34.

499 Abû el-Qâsim Hibat Allâh I. Salâm I. Naṣr I. ʿAlî el-Mofessir.

كتاب الناسخ والمنسوخ.

Comprenant tout le Qorân. Excellente copie moderne. 130 p.

500 Abû Bekr M. I. ʿOmar I. ʿOzêz es-Siǵistânî († 330).

نزهة القلوب في تفسير غريب القرآن.

v. Cat. Leid. IV, p. 17. Gotha nº 522. Bon apographe. L'encre contient du vitriol, et a un peu rongé le papier.

501 Abû ʿAbd Allâh Moḥ. I. Mufliḥ el-Ḥanbalî el-Maʿqdisî.

الاستعاذة من الشيطان.

Du IXème siècle. Ecriture négligée, mais lisible. 36 p.

502 *Inconnu.*

Contient 1º un ouvrage, dont la première feuille manque, sur الناسخ والمنسوخ Le mamsûḫ est ici immédiatement suivi du nâsiḫ. 24 p. La ḫâtima a 4 chapitres: 1º في تعريف اصطلاح المتقدمين والمتاخرين في الناسخ والمنسوخ; 2º في تعريف المكّي والمدني; 3º في ترتيب نزول القرآن في مكة والمدينة; 4º في ثبت ايات الاحكام في كتاب الله. Après cela l'auteur passe en revue les nâsiḫ et mamsûḫ dans le Qorân, 50 pages. IIº Ouvrage sur le même sujet. Le commencement de l'introduction manque. 266 p. Vu la beauté de ce MS et le soin avec lequel il a été écrit, nous croyons avoir affaire à un خط منسوب, c-à-d. provenant d'un des grands maîtres de l'art. Nous le faisons remonter au 6ème siècle. Corrigé.

503 ʿIzz ed-dîn Abû Moḥammad ʿAbd el-ʿAzîz I. ʿAbd es-Salâm eb-Sulamî († 660).

المجاز الى حقائق الإعجاز.

L'apographiste de ce MS nous apprend dans une note que ses šeyḫ étaient Sirâǵ ed-dîn Qâri' el-Hadâya et I. Ḥaǵar el-Asqalânî, avec l'année 827. La fin manque. Peu de points diacritiques. 256 p. Cet auteur si célèbre dans les annales de l'invasion des Tatars en Egypte a son tombeau près de celui de l'Imâm eš-Šâfeʿî au Caire.

504 Abû el-Qâsim ʿAbd er-Raḥmân I. ʿAbd Allâh es-Suheylî el-Andalusî († 581).

التعريف بما في القرآن من اسماء الاعلام.

Explication des noms propres se trouvant dans le Qorân et l'histoire qui s'y rapporte. MS du 6ème siècle. Quelques feuilles au milieu et une feuille à la fin manquent. Ecriture distincte, mais pour la plupart sans points diacritiques. Corrigée. 102 p.

505 Fragment d'un تفسير d'auteur inconnu. Commence par Sûrat ed-Doḫan, avec les 20 Sûrât suivantes. Le relieur a fait une transposition des feuilles: la suite de la 2de page se trouve après 64 feuilles. Ce qui est entre ces deux parties doit être placé à la fin du livre. 454 pages.

DIXIÈME PARTIE.

Langue.

506 Sîbaweyh.

الكتاب.

Complet. Le colophon porte: كمل كتاب سيبويه بحمد الله وحسن عونه وكان الفراغ من نسخه يوم الاربعا ثماني عشرة من شهر الحجة الحرام سنة تسعة وخمسين بعد الالف. Collationné. Ecriture très soignée avec tous les points diacritiques. La reliure indique que ce MS a appartenu à un grand personnage.

507 Gemâl ed-dîn Moḥ. I. ʿAbd Allâh I. Mâlek eṭ-Ṭâʾî el-Andalusî († 672).

تسهيل الفوائد وتكميل المقاصد.

Exemplaire magnifique écrit en 982. Grosse écriture nesḫî de toute beauté, complètement vocalisée. Rempli d'annotations interlinéaires et marginales. On y lit une longue Igâza de Moḥ. ʿAlî I. ʿOmar el-Yemanî pour Aḥmed Ibn Mûsâ I. Sulṭan, apographiste du livre, de l'année 981. Elle a été délivrée par le śeyḫ avant que son élève eût fini la copie; elle est écrite sur un papier à part ajouté à la fin du livre. La reliure a été fort belle.

508 I. Bâb Śâḏ († 469).

مقدمة ابن باب شاذ.

Traité de grammaire et de calligraphie.

Incomplet. Vieille et fort bonne copie, le plus souvent vocalisée. 202 pages.

509 es-Suyûṭî.

النُّكت.

v. Ḥ. Ḥ. s. art. Les deux premiers cahiers manquent Copie faite avant la mort de l'auteur. Très bonne écriture. Collationnée. La publication de cet ouvrage indispensable fera honneur à celui qui l'entreprendra. 540 p.

510 ʿAbd Allâh, imâm de la mosquée de Qâsim Pâšâ à Stamboûl.

المِنَح الالهية في شرح المقدّمة الفخريّة.

Composé en 1108. Apographe (ou autographe) de 1116. Bonne écriture sans voyelles. 614 p.

511 Yaḥyâ I. Ḥamza I. Rasûl Allâh el-Yemanî.

الازهار الصافية شرح المقدّمة الكافية.

2de volume. Sur l'auteur, voir n° 403. Très ancien MS que nous sommes inclinés à considérer comme étant l'autographe de l'auteur. Les points diacritiques manquent, ainsi que c'est presque toujours l'habitude des Yémanites. 344 p.

512 ʿAbd el-Qâdir I. Aḥmed I. ʿAlî el-Fâkihî el-Miṣrî († 982).

مجيب النداء الى شرح قطر الندى.

Livre très étudié à la mosquée d'el-Azhar. Apographe de 1153. Ecriture maṛribî passablement bonne. Corrigé. 230 p. Sur l'auteur, voyez n° 5, fol. 19a.

513 *Même auteur:*

كشف النقاب عن مخدّرات ملحة الاعراب.

Apographe de 1153, fait à Ṣanʿā. Très bonne écriture avec tous les points diacritiques et largement vocalisée. Tout rempli de notes marginales et interlinéaires. 80 pages. Grand format.

514 Contient: 1⁰ le maṭn de Mulḥat d'el-Ḥarîrî, tout vocalisé et d'une écriture parfaite. Gloses interlinéaires, 68 pages; 2⁰ شرح الملحة par el-Ḥarîrî. Ecriture distincte, mais manquant souvent de points diacritiques. Apographe de 1105, 194 p. 3⁰ Ǵemâl ed-dîn Moḥ. I. ʿOmar Baḥraq el-Ḥaḍramî.

تحفة الاحباب وطُرْفة الاصحاب في شرح ملحة الاعراب.

Très bonne écriture, par endroits tout vocalisée. 197 p. Corrigé.

515 eš-Šeyḫ Yüsuf el-Fîšî el-Mâlikî.

حاشية على الشيخ خالد على الآجرّميّة.

Fort bel apographe maṛribî de 1220. Corrigé. 54 p.

516 eš-Šeyḫ Yûsuf en-Naḥwî.

تحفة البرية بحلّ الفاظ الآجرّميّة.

Bonne copie faite à Ǵabala, dans le Yéman, en 1144. Ecriture yémanite avec points diacritiques. 100 p.

517 Reyḥân Aṛa, affranchi (تابع) du Wezîr Ḥasan Pâšâ.

اللمعة السنية في حلّ الفاظ الاجرّميّة.

Son šeyḫ était ʿAlî el-Ḥalabî, dont le šeyḫ était

le fameux šeyḫ el-Islâm Zakarîyâ el-Anṣârî († 926). Inachevé. Beau nesḫî vocalisé. Collationnée. 42 p.

518 *Inconnu.*

الفواكه الجنّيّة شرح متمّمة الآجرّوميّة.

Le maṭn est de Moḥ. er-Ruʿaynî. Ecriture yémanite assez soignée, avec points diacritiques. Notes marginales. Corrigé. La fin manque. 134 p.

519 *Inconnu* (Yémanite).

كتاب الموشّح شرح الكافية لابن الحاجب.

Belle écriture vocalisée. Beaucoup de notes marginales. Incomplet. 84 p.

520 Ḥuseyn I. ʾAyâr († 681).

شرح الفصول الخمسين لابن مُعْطي.

Très joli MS qui nous paraît remonter au temps de l'auteur. Excellent nesḫî largement vocalisé. Le premier cahier manque, ainsi que la fin. Corrigé. Gros volume de 480 pages.

521 Abû el-Ḥasan el-Muzanî.

معاني الحروف.

Traité sur le rôle que certaines lettres jouent dans la grammaire. Il est conçu selon le plan suivant:

باب الالفات

الالفات ثلاثة وخمسون الفا: الف اصل والف وصل والف فصل والف التثنية والف البَدَل من الواو والف البدل من اليا والف البدل من التنوين والف البدل من

النون الخفيفة والف البدل من الهمزة الخ. Après cette énumération vient: تفسيرهن اما الف فهى التي فا الفعل دُعِيت في المستقبَل كأكل يأكل ونحوه ولا يجوز وصلها اما الف الوصل فهي التي ليست بفا الفعل في الافعال التي لا يضمّ اول مستقبلها كالف استفعل وانفعل وافتعل واشباه ذلك الخ. Joli ouvrage d'une jolie écriture fort distincte. Copie de l'année 1000. 30 p.

522 Abû el-Faḍl Aḥmed el-Meydânî († 518).

رسالة في الجموع.

Sur le pluriel brisé. Excellent apographe taʿlîq vocalisé. 18 p.

523 Moḥ. I. Abî Bekr I. ʿOmar el-Maḫzûmî ed-Damâmîmî († 828).

المنهل الصافي في شرح الوافي.

Ecriture turque assez correcte et lisible, souvent vocalisée. Corrigé. Beaucoup de notes marginales et interlinéaires. Composé en 825. Apographe de 1094. 726 p.

524 Taǵ ed-dîn el-Isfirâʾinî.

كتاب اللُباب في النحو.

MS du IVme siècle fort correct et d'une écriture très distincte, avec des voyelles. Corrigé. 110 p. V. Loth., Cat., 897.

525 eś-Śeyḫ Muṣṭafâ el-Bedrî († 1268).

في حكم ما قبل واو الجماعة المسند اليه الفعل.

A la page 7 se trouve une poésie intéressante donnant les 19 verbes qui à l'impératif n'ont qu'une consonne avec la voyelle. I Mâlek n'en rapporte que dix. Très bonne écriture distincte. Apographe de 1223. 14 p.

526 ʿAbd er-Raḥ. I. ʿAlî I. Śoheyyib el-Ḫarîrî el-Bûlâqî.

مراتب الصفو والتعريف في مطالب النحو والتصريف.

Ecriture très bonne et distincte. Apographe de 1062. 104 p.

527 Ġemal ed-dîn ʿA. A. I. Yûsuf I. Hiśâm el-Anṣârî († 762).

في توارد الشرط على الشرط.

Très bon apographe moderne de 10 pages.

528 *Même auteur.*

رسالة في مسايل نحوية.

Excellent apographe moderne fait par un savant. 18 p.

529 Ṣalâḥ ed-dîn el-Yemanî, connu sous le nom d'Aḫfaś.

نزهة الطرف في الجارّ والمجرور والظرف واحكامها وتقسيمها.

Ecriture très distincte. Beaucoup de notes marginales. Apographe de 1218. 28 p.

530 *Même auteur.*

فَوْح الشذا بمسئلة كذا.

Même remarque qu'au n° précédent. 12 p.

531 *Même auteur.*

كتاب الالغاز.

Même remarque. 18 p.

532 Śams ed-dîn Moḥ. el-Birmâwî.

شرح لاميّة الافعال في الصرف.

Apographe de l'élève de l'auteur, ʿOmar el-Muqrî de 1067. Le commencement manque. Bonne écriture correcte. Corrigé. 144 p.

533 *Inconnu.*

Un volume, de 750 p., d'un ouvrage de grammaire remarquable. On nous excusera de ne pas avoir eu le temps matériel de faire des recherches pour nous renseigner à ce sujet.

ONZIÈME PARTIE.

RHÉTORIQUE.

534 Sirâǵ ed-dîn Abû Yaʿqûb es-Sakkâkî el-Aʿraǵ († 626).

القسم الثالث من كتاب المفتاح.

MS du VIIIme siècle d'une très bonne écriture vocalisée. Les dernières feuilles ont été endommagées par l'humidité. V. Cat. Leid. I, p. 124. 176 p.

535 eś-Śarîf et-Ǵorǵânî.

شرح المفتاح.

Très bel apographe de l'année 1027.

536 Sa'd ed-dîn et Taftâzânî († 791).

شرح المفتاح.

Bel apographe correct de l'année 839. Ecriture ta'liq.

537 *Même auteur.*

شرح المطوّل.

Apographe remarquable très correct fait par le grand savant Ibrâhîm Ḥaǵâzî es-Sindiyûnî en 1206. Tout couvert de notes et de gloses interlinéaires.

538 *Même auteur.*

المختصر شرح التلخيص.

Apographe de l'année 1107. Très bonne écriture. Corrigé.

539 eś-Śeyḫ Yâsîn (يس) el-Ḥimṣî († 1061).

حاشية شرح التلخيص المسمى بالمختصر.

1er volume. Ancien et fort bon apographe. Voir Ḫolaṣat el-Atr, Vol. IV, p. ٤٩١.

540 eś-Śeyḫ 'Alî.

روضة الفُهوم في نظم نِقاية العلوم.

Cet ouvrage, dont nous avons ici un apographe parfait, vocalisé, est très remarquable au point de vue poétique. C'est une versification du Nîqâya d'es-Suyûṭî. 106 p.

541 Aḥmed I. Yaḥyâ, connu sous le nom de Ḥafîd († 906).

حاشية الحفيد على مختصر السعد.

Excellente écriture. Apographe de l'année 1151. 106 p.

542 Contient: 1° Behâ ed-dîn el-ʿÂmilî. نان حلوا. Mélange en vers d'arabe et de persan, 24 p.; 2° Masîḥî Zâdah. هذه منقولة من رسالة الخلافيّات. Questions philosophiques, 36 p.; 3° Moḥ. I. ʿAbd er-Raḥ. el-Igî, connu sous le nom de ʿAḍud († 756). الفوائد الغياثية. Traité de rhétorique. Chef-d'œuvre calligraphique, 44 p. Copie de 1142, avec de nombreuses feuilles volantes et un commentaire marginal étendu; 4° El-Qauśagî. شرح الرسالة العضدية الوضعية, 28 p. Copie de 1188.

543 eś-Śeyḫ Moḥ. I. ʿAlî eṣ-Ṣabbân († 1206).

حاشية على شرح العصام على السمرقندية في الاستعارات.

Commence à la 2de page. Apographe excellent fait sous les yeux de l'auteur en 1185. Collationnée. 200 p. V. Ǵabartî. Vol. II, p. 237.

544 Aḥmed I. Yûnis el-Ḫalifî el-Miṣrî.

نتائج الفِكَر وهو حاشية على شرح العلامة احمد الملوي على السمرقنديّة في الاستعارات.

Bon Apographe d'Ibrahîm es-Sindiyûnî (v. n° 537) de 1216. 88 pages.

545 Ḥasan Śalabî er-Rûmî († 886).

حاشية المطوّل.

V. n° 537. Corrigé. Notes marginales. Apographe, corrigé par le grand savant yémanite ʿAlî I. Yaḥyâ el-Bartî, de l'année 1096. Gros volume d'écriture yémanite.

546 Ḍiyâ' ed-dîn Luṭf Allâh I. Moḥ. I. el-Ṛiyâṯ.
الايجاز في علم الإعجاز.
Apographe du savant précédent de l'année 1093. 22 p.

547 Comprenant 4 petits traités de rhétorique et de logique: 1⁰ Behâ ed-dîn ʿAbd el-Wahhâb I. Taqî ed-dîn I. es-Subkî; 2⁰ Aḥmed I. Śams ed-dîn el-Âmidî; 3⁰ es-Seyyid Mîr Bâdi Sâh. رسالة في بيان الحاصل بالمصدر; 4⁰ Waǵîh el-Islâm ʿAbd el-Qâdir I. Aḥmed I. ʿAbd el-Qâdir. الرسالة النسبيّة. En tout 14 pages de grand format.

548 Abû el-Leyṯ el-Ḫôǵâ ʿAlî es-Samarqandî.
متن السمرقنديّة في الاستعارات.
Apographe de l'année 1106. Excellente écriture. Rempli de notes marginales. 7 pages.

549 *Même auteur.*
شرح على الرسالة الوضعية العضديّة.
Apographe corrigé de 1168. Excellente écriture. 46 p.

550 *Inconnu.*
Espèce de عجائب الحيوانات, qui nous paraît bien être la minute de l'auteur. Ecriture négligée. Avec beaucoup de notes marginales. 16 pages.

551 eś-Śeyḫ el-Basûmî.
رسالة في علاقات المجاز.
En vers. Excellente écriture vocalisée. Ce petit MS est

curieux comme ayant appartenu à el-Ǵabartî père, qui y a écrit les notes marginales et dont on trouve à la première page la signature et le cachet. 6 pages.

552 Luṭf Allâh el-Arzanî.

شرح نهاية الايجاز في الحقيقة والمجاز

Très bon apographe corrigée de l'ânnée 1184. 54 pages.

553 el-Harawî.

شرح رسالة الوضعيّة العضديّة.

Mauvais apographe. 36 pages.

554 ʿOṯmân I. Ḥasan eṭ-Ṭarabzânî.

شرح على رسالة في علم الآداب للبركوي.

Bonne écriture taʿlîq. Notes marginales. 18 pages.

555 Moḥ. I. el-Ḥaǵǵ ʿAnbar el-Musawwidî.

حاشية على الاسالة العضديّة.

Ce sont véritablement les taqrîrât (notes marginales) du śeyḫ ʿAlî eṣ-Ṣaʿîdî el-ʿAdawî. Apographe très distinct d'es-Sindiyûnî de l'année 1200. 82 p.

556 Abû el-Ḫeyr Moḥ. I. Alî Bekr el-Fârisî, et d'autres. Fragments de petits traités de logique et de grammaire. 12 pages.

DOUZIÈME PARTIE.

Logique.

557 Faḫr ed-dîn er-Râzî († 606).

الآيات البيّنات في علم المنطق.

Fort joli apographe, d'une écriture très distincte, du commencement de VIIIme siècle. 22 pages.

558 *Même auteur.*

شرح عيون الحكمة لابن سينا.

La fin manque. Ecriture du Ḫoraṣân. المنطقيات, fol. 2a—67a. — الطبيعيات, fol. 67a—148b — الالهيات, fol. 149a —. En tout 374 pages. Ce précieux MS semble remonter au temps de l'auteur. Les points diacritiques font le plus souvent défaut.

559 I. Ḥuseyn el-ᶜÂmilî.

شرح منظومة العاملي في المنطق.

Excellente copie de l'année 1024. Notes marginales au commencement. 92 pages.

560 ᶜAbd el-Ḥakîm es-Siyâlkûtî.

حاشية على شرح القطب على الشمسيّة.

Superbe apographe de l'année 1200. 382 pages.

561 ᶜAbd er-Raḥman el-Aḫḍarî.

شرح الاخضري على متن السُلَّم.

Excellent apographe d'es-Sindiyûnî de l'année 1224. 48 pages.

562 Aḥmed ed-Damanhûrî el-Azharî.

ايضاح المبهم من معاني السلّم.

Bel apographe très correct ayant appartenu à es-Sindiyûnî, ainsi qu'il ressort d'une note autographe de cet illustre savant. Notes marginales. 74 pages.

563 *Inconnu.*

شرح السلّم للاخضري.

Excellente copie de l'année 1175. Notes marginales. 116 pages.

564 Ibrâhîm Ḥigâz es-Sindiyûnî.

حاشية على متن السلّم في المنطق.

Autographe de l'auteur de l'année 1222. 74 pages.

565 Neǵm ed-dîn ᶜAlî I. ᶜOmar el-Kâtibî, connu sous le nom de Dubeyrân († 675).

المفصّل شرح المحصّل.

Superbe apographe corrigé, de l'année 680, ayant appartenu à plusieurs personnages illustres. Annotations marginales. Une note à la fin dit: هذه النسخة مما كُتِب في حيوة المولّف لان وفاته انما كانت في سنة ثلث وتسعين وستمائة وتمامها قبل وفاته بثلاث عشرة سنة تقريبا ومع ذلك ليست صحيحة لهجران هذه العلوم وبُعد مداركها عن الفهوم ولها اليوم الى هذه الغاية التي نحن فيها من بعد تمامها حول خمسمائة سنة وثلثين سنة. Le Yémanite qui a écrit cela en 1223 ne paraît pas avoir parlé en connaissance de cause, car notre MS est en tout point parfait, ce qui vient d'être constaté encore dernièrement par une collation faite au Caire. 600 pages.

566 ʿAbd Allâh I. Moḥ., connu sous le nom d'I. es-Sîd el-Baṭalyûsî el-Andalusî († 521).

شرح الخمس مقالات من كلام الفلاسفة.

Apographe de l'année 743. Ecriture distincte, mais les points diacritiques font quelquefois défaut. La première feuille est raccomodée. 30 pages.

567 Aḥmed eś-Śuǵâʿî.

جواهر المنظومات في عقود المقالات.

Apographe de 1273. Bonne écriture. 32 pages.

568 Contient: 1°

رسالة في العناصر الاربعة.

L'auteur inconnu. 8 p. 2° Moḥ. I. ʿOmar Baḥraq el-Ḥadramî (v. n° 399, 420) تفسير آية الكرسي, 9 pages. Très bonne écriture.

569 el-Emîr Ismâʿîl.

شرح فصوص الحكم لابي نصر الفارابي.

La fin manque. Très bonne écriture. Corrigé. 166 pages. MS de 200 ans environ.

570 Moḥammad I. Ṭarḫân Abû Naṣr el-Fârâbî.

المقالات الرفيعة في اصول علم الطبيعة.

Ecriture très distincte. 24 pages.

571 *Même auteur.*

اتّفاق راي الحكيمين افلاطون وارسطاطاليس.

Belle copie moderne. 28 pages.

572 *Inconnu.*

رسالة في تقدّم العلّة على المعلول تسمّى معركة الآرآء
في حقيقة العلة والمعلول.

Taˁlîq. Copie moderne. 31 pages.

573 el-Imâm ˁAbd el-Ḥaqq I. es-Sabˁîn el-Andalusî.

اسرار الحكمة المشرقية.

Excellent apographe moderne corrigé, de 1298. 78 p.

574 Abû el-Qâsim ˁAbd er-Raḥmân I. el-Ḥasan I. ˁAbd Allâh el-Ḥubâb et-Tamîmî.

كتاب الروح.

Apographe moderne d'une écriture très distincte. 102 p.

575 *Inconnu.*

Les dernières 16 pages d'un ouvrage sur les différentes parties du corps humain. Il est peut-être de Faḫr er-Razî. MS ancien.

576 Aḥmed I. Suleymân I. Kamâl Paŝa.

رسالة في الروح.

Très belle écriture. 6 pages. Petit format.

577 *Même auteur.*

كتاب في الرّد على الفرق.

Ecriture très distincte et correcte. 16 pages.

578 Sadîd es-Sumnânî.

شرح عينية ابن سينا في الروح.

Bon apographe moderne de 24 pages.

579 *Inconnu.*

رسالة في تحقيق الجعل وانّ نفس الماهية مجعولة.

Taʿlîq. 26 pages.

580 Contient:

1° رسالة في تحقيق مقال القائلين بالحال من اصحابنا, 6 pages; 2° رسالة في بيان معنى واصحاب الاعتزال, 22 p.; 3° الجعل وتحقيق ان نفس الماهية مجعولة, 9 p.; رسالة في تحقيق الحقّ بين المتكلمين والحكماء, 14 p. Taʿliq 4° رسالة في تحقيق لزوم الإمكان للمُمكِن distinct.

581 I. Kamâl Aḥmed eŝ-Ŝerîf eŝ-Ŝîrâzî.

خلاصة الافكار في علم الكلام وهي مباحث على الشرح

الجديد والحاشية القديمة للجلال الدواني وعلى حاشية حبيب الله ميرزاجان على التجريد. Ce dernier livre est de Naşîr ed-dîn eṭ-Ṭûsî. Très bel apographe laissé inachevé. 674 p.

582 Moḥ. Ibr. el-Aşfihânî.

المحاكمات بين شرحَي الإشارات.

El-Iśârât est d'Ibn Sînâ; il fut commenté par Faḫr ed-dîn er-Râzî et Naşîr ed-dîn eṭ-Ṭûsî. Notre volume ne contient que قسم الطبيعيات. Taʿlîq correct. Notes marginales. 430 p.

583 Ḥabîb Allâh Mârzâǵân († 694).

شرح حكمة العين لعمر الكاتبي.

Fort joli apographe, où chaque page est encadrée. Ecriture très soignée. Marge endommagée par les pinces. 496 pages.

584 Aḥmed I. Yaḥyâ el-Hamdânî el-Yemanî.

كتاب المنية والامل شرح الملل والنحل.

C'est, à ce que nous dit l'auteur, p. 3, une partie d'un grand ouvrage divisé en 9 كتاب et appelé: غايات الافكار ونهايات الانظار. Ecriture distincte, mais le plus souvent sans points diacritiques. Corrigé. Copie de 1189. 123 p.

585 Faḫr ed-dîn er-Râzî.

كتاب في اعتقادات فِرَق المسلمين والمشركين.

Très bonne écriture. Corrigé. 19 pages.

586 es-Suyûṭî.

قطع المجادلة عند تغيير المعاملة.

Traité important de numismatique. Fort joli apographe. 12 p.

587 Abû el-Qâsim en-Negrî el-Yemanî.

البحر الزخّار الجامع لمذاهب علماء الامصار.

L'ouvrage est divisé en cinq livres. Premier volume, apographié en 1055. Notes marginales. Ecriture soignée, mais n'ayant pas toujours les points diacritiques. 378 p.

588 Ṣâleḥ I. Mahdî el-Muqbilî.

المنار الى لُجَج البحر الزخّار.

Incomplet. Assez bonne écriture manquant souvent de points diacritiques. Notes marginales. 192 pages.

589 Abû Ṭâlib Yaḥyâ I. el-Ḥoseyn el-Hârûnî.

كتاب زيادات شرح الاصول.

Superbe MS du VIIIème siècle, avec points diacritiques; presque tout vocalisé. Il est très important pour les Zeydites. 426 pages.

590 Aḥmed el-Ṛamrî.

رسالة في اسماء الفرق الضالّة تسمّى السهام المارقة في
الردّ على الزنادقة تلخيص الامام احمد الغمري.

C'est là la souscription du livre, qui a été apographié en 1189. Ecriture négligée, mais lisible. 8 pages.

591 Abû el-Maʿâlî ʿAbd Allâh I. Yûsuf el-Ǵuweynî, père d'Imâm el-Ḥarameyn, († 433).

رسالة في إثبات الاستواء والفوقيّة.

Sur le verset si différemment expliqué du Qoran XX, 4. Incomplet. Très jolie écriture assez vocalisée. 18 pages.

592 *Inconnu.*

كمال الصدق والاعتقاد في الرّد على اهل الزيغ والإلحاد بإثبات النقباء والنجباء والاوتاد.

Les points diacritiques manquent souvent. Composé en 981. 20 pages.

593 ʿAbd-el-Ṛanî en-Nâbulsî († 1144).

الكوكب الساري في حقيقة الجزء الاختياري.

Bon apographe moderne. Collationné. 25 pages.

594 Ḥasan I. Abî Bekr el-Qudsî el-Ḥanafî.

غاية المرام في شرح بحر الكلام لابي المُعين النَسفي.

Sur علم التوحيد. Ecriture extrêmement distincte. A la première page se trouve l'autographe de Ḥaṣan el-Ǵabartî, père de l'historien, ainsi que son cachet. Collationné. 223 pages.

TREIZIEME PARTIE.

Jurisprudence.

595 es-Seyyid Aḥmed I. Moḥ. el-Ḥamawî el-Ḥanafî († 1142; v. Ǵabartî, I, 65).

كشف الرمز عن خبايا الكنز.

Commentaire sur le كنز الدقائق d'el-Nasafî (v. n⁰ précéd.) Vol. I, écrit en 1104. Vol. II, en 1162. Ces deux vol. forment ensemble 686 p. Le reste a été apographié en 1262 par Moḥ. I. Ṛuneym I. Moḥ., connu sous le nom d'el-Minyâwî el-Ḫalwatî, copiste célèbre; 1188 pages. L'écriture des deux portions est très belle et distincte. Corrigé. Ouvrage capital.

596 eś-Śeyḫ Moḥ. ᶜÂbid es-Sindî el-Madanî el-Anṣârî. († 1258).

طوالع الانوار على الدرّ المختار.

Vol. II, III, IV, V comprennent tous العبادات. Vol. VIII: في البيوع. L'auteur était le śeyḫ du śeyḫ d'Emîn el-Madanî. Sur le fiqh ḥanafite. L'ouvrage est complet en 15 gros volumes; il est fort considéré en Orient, où il n'y en a que 2 exemplaires: l'original de l'auteur, à el-Medîna, et celui que les Ulâd Ibrâhîm Pâśâ firent exécuter pour leur bibliothèque à Alexandrie. Le nôtre est également fait sur celui d'el-Medîna.

597 ed-Dumyâṭî.

تعليق الانوار حاشية على الدرّ المختار.

Composé en 1232 sur la demande du śeyḫ de l'auteur, es-Seyyid Aḥmed eṭ-Ṭaḥtâwî. Arrive jusqu'à باب التعليق (= طلاق). Gros volume de 1360 pages. Très bonne écriture.

598 Moḥ. I. Maḥmûd el-Qônawî († 770).

الغاية على حاشية الهداية.

Le commentaire sur el-Hidâya d'el-Marṛînânî

(† 593) est d'es-Sirnâqî († 710). Arrive jusqu'à باب البيوع. Petite écriture, mais fort belle et distincte, de l'année 1082.

599 Akmal ed-dîn el-Bâbartî († 786).

العناية حاشية الهداية.

4ème vol., depuis باب الإجارة. Très bon apographe corrigé de l'année 985. 294 pages.

600 Šumunnî el-Ḥanafî.

النصف الثاني من شرح مختصر الوقاية.

Depuis كتاب البيوع jusqu'à كتاب الخنثى. Manquant au milieu et à la fin. Fort beau MS du IXème siècle. Corrigé.

601 Sirâǧ ed-dîn Abû Bekr el-Ḥaddâdî († 800).

السراج الوهّاج لكلّ طالب محتاج وهو شرح مختصر القدوري.

Apographe fort remarquable de l'année 945, souvent vocalisée. Plusieurs feuilles sont complétement brunies par les matières avec lesquelles le papier a été préparé. 3 gros volumes. Corrigé.

602 Contient: 1° el-Ḥâfiẓ ed-Dahabî.

مختصر تهذيب الكمال.

Ce dernier livre est d'el-Muzzî (v. n° 225). Vol. III et IV. Commence par ʿObeyd Allâh I. ʿAbd el-Karîm I. Yezîd I. Farûḫ el-Maḫzûmî et finit par Umm Salama, 152 pages; 2° *Inconnu*. Sur le fiqh Ḥanafite, depuis باب الوصيّة jusqu'à la fin, 20 pages;

3º Abû ʿÎsâ et-Turmudî. الجامع. 38 pages. Le 1e volume a été écrit par Moḥ. I. ʿAbd Allâh el-Ḥamawî; le 2e et le 3e par son fils Aḥmed en 1113. Ecriture très petite, mais extrêmement distincte, se lisant sans la moindre difficulté. Grand format.

603 ʿAbd er-Raḥîm el-Asnawî († 772).

شرح منهاج البيضاوي في الاصول.

Le premier korrâs manque (tout?). Apographe de l'année 755, fait par ..... I. Aḥmed el-Baṣrî. Ecriture très distincte, manquant quelquefois de points diacritiques. Le matn est en rouge. Rempli de notes marginales. Corrigé. 488 pages.

604 Śerâǵ ed-dîn Abû eṯ-Ṯanâ Maḥmûd I. Abî Bekr el-Armawî († 685).

الحاصل من المحصول في الاصول.

Un peu du commencement et de la fin manque. MS du VIIIème siècle. Les points diacritiques font très souvent défaut. 320 pages. V. Ḥ. Ḫ. II, 217, 2516; V, 424.

605 Yaḥyâ I. Manṣur I. el-ʿAfîf I. el-Mofaḍḍal el-Yemanî.

نهاية العقول الكاشفة لمعاني الجُمَل والاصول.

Copie faite en 1835. Ecriture assez bonne et lisible. Corrigé. 48 pages dont une est déchirée.

606 el-Ḥasan I. Aḥmed el-Ḫallâl el-Yemanî.

رسالة التحسين والتقبيح.

Suivi d'un autre traité son الإرادة. Sans points diacritiques. 12 pages en tout.

607 *Même auteur.*

Avec ce titre:

هذه (!) الكراستان من ضو النهار شرح الازهار.

Copie mal faite et inachevée. Notes marginales. 24 p. Grand format. L'auteur d'el-Azhâr est el-Imâm el-Mahdî Aḥmed I. Yaḥyâ el-Murtaḍâ.

608 es-Suyûṭî.

رسالة في الفرق بين بني هاشم والمطّلب.

12 pages; petit format.

609 Aḥmed I. Moḥammad I. Loqmân el-Yemanî.

حاشية على شرح مقدّمة الازهار (v. n° 617) لعفيف الدين عبد الله بن ابي القاسم بن مفتاح اليمني.

Très bel apographe correct de l'année 1111.

610 *Inconnu.*

Nous n'avons pu trouver l'auteur ni le nom de cet ouvrage assez remarquable sur le اصول du fiqh šâfeʿite. Ecriture très distincte, manquant complétement de points diacritiques jusqu'à le page 14, à partir de la quelle ils sont presque toujours marqués. Joli MS du

IXème siècle. Corrigé. Le commencement et la fin manquent. 162 pages.

611 el-Ḥoseyn I. Zeyd I. Moḥammad I. el-Ḥasan el-Yemanî.

Qaṣida.

La préface dit: وكان السبب الباعث لنظم سمطها وتفويف بردها ان السيد محمد بن اسمعيل الامير خطب ايام المهدي في شهر الحجة في سنة خمسة وستين ومائة والف في جمعةٍ كان الغديرُ عقيبَها وكان من جملة الخطبة انّ الشيعيّ هو مَن والي والصحابة وانّ مَن ابغضَهم وقدح في شانهم هو الناصبيّ وفهم ذلك من فهم من اهل الذوق السليم وقال سيدي الحسين:

ايها السادات من نسل عليّ وكذا المخلص في حبّ الوصيّ

69 vers. 4 pages d'une belle et grosse écriture. Suivi de 4 pages de vers d'auteurs yémanites.

612 Contient deux ouvrages sur la jurisprudence zeydite; nous en ignorons le titre et l'auteur. Le premier, jusqu'à la feuille 56, n'a pas de commencement, et le dernier, de 93 feuilles, pas de fin. Ecriture soignée, mais manquant souvent de points diacritiques. MS du VIIIème siècle très intéressant à son point de vue.

613 *Inconnu.*

49 feuilles d'un ouvrage sur اصول الفقه. MS fort bien écrit de la fin du VIIème siècle.

614 Contient 3 رسائل:

1º Maulânâ Ṣûfî es-Samarqandî, ردّ الإرادات

التي اوردها يوسف القراباغي, 8 pages. 2º *Inconnu.* تقريرات على حاشية إعادة المعدوم من كتاب الفاضل الخيالي. Sur la résurrection. Le titre est pris dans le corps du livre. Le nom de l'auteur est laissé en blanc. 28 pages. 3º *Inconnu.* رسالة في الايمان والتصديق. Le commencement manque. 26 pages.

Très joli apographe de l'année 1184. Notes marginales.

615 Maḥmûd ez-Zamaḫśarî.

المنهاج في اصول الدين.

Défectueux à la fin. Ecriture négligée sans points diacritiques. 22 p.

616 *Inconnu.*

رسالة فيما يزوّج فيه الحاكم.

Composé en 841. Apographe d'Aḥmed I. Moḥ. el-Qâdirî eś-Śâfeʿî er-Râm-Hurmuzî el-Azharî, attaché à la mosquée d'el-Ǵauharîye au Caire, de l'année 956. La moitié de la première page manque. Ecriture lisible. 10 pages.

617 *Inconnu.*

كتاب منتقى الدرّ المكنون في غرائب الفنون.

Bon apographe de l'année 1084. Le titre est pris dans la préface. 43 pages. Suivi d'une qaṣîda de ʿImâd ed-dîn Yaḥyâ I. el-ʿAbbâsî pour Ḍiyâ ed-dîn Ismâʿîl I. Moḥ. I. Hasan:

يا نظامي برمزم والحطيم قبّلِ الكفّ من مليك كريم

56 bêt.

618 Moḥ. I. el-Ḥoseyn I. Mûsâ es-Sulamî.

نهاية الرغبة في آداب الصحبة.

Livre d'adab. Bonne copie corrigée. 50 pages.

619 Aḥmed I. Ibrâhîm el-Birmâwî.

كتاب الميثاق والعهد في شرح من تكلم في المَهْد.

Composé en 1096, et apographie en 1115. Très bonne écriture. 18 pages.

620 Aḥmed ed-Damanhûrî el-Mâlekî.

إقامة الحجة الباهرة على عدم كنائس مصر والقاهرة.

Composé en 1151. Apographe parfait de 1153. Un peu de la préface manque. Ouvrage intéressant.

621 Aḥmed I. Śâyi[c] I. Moḥ. ed-Du'âmî.

رسالة الوازعة للجُهّال عن ارتكاب بِدَع الهُلّاك والضُلّال.

146 pages. Contient aussi les qasîda suivantes, dont nous donnons le commencement:

1° des trois fils de Yaḥyâ I. Ḥamza I. Rasûl:

بالحقّ جيتَ وحقّ البيت والكُتُب
والصِدْقَ قلتَ بقصْدٍ منك للقُرَبِ

37 bêt. 2° Śams ed-dîn Aḥmed I. Ṣalâḥ ed-Dawârî:

نظامُ جِلٍّ اتاني منه في خَبَب
مذاقه مستطابٌ فائقُ الضَرَبِ

100 bêt. 3° 'Izz ed-dîn Moḥ. I. 'A. A. el-Qâ'î:

اهلًا وسهلًا بنظم العالم الأَرِب
منزّه القول عن زُور وعن كَذِبِ

Apographiée en 1086. 20 bêt. 4º Ismâ'îl I. Abî Bekr ez-Zebîdî:

بَرغْم سُنّةِ خيرِ العُجْم والعرب
امست مساجدُنا للهْو واللعبِ

162 bêt. 5º Ibrâhîm el-Muzanî:

حاشا الامامُ الشافعيُّ النبيه
ان يقتفي غيرَ معاني نبيه

6º Ṣâleḥ I. es-Ṣiddîq en-Namârî:

ليس التصوُّف بالتصفيق والطَرَبِ
ولا بكَثْرة اكل القات والحَطَب
ولا بقهوة قشر البُنّ اذ شُرِبَتْ
ولا بلبس عباة القمل والقَشَب
ولا بنكس رووسٍ عند مَطْلَبِها
ولا ببَوْس اكفّ الشخص والرُكَب
ولا بضَرْب دُفوفٍ او معازِفِها
ولا العُكاف على المزمارِ والقَصَب
ولا برقصٍ عنيفٍ عند مَسْمَعِها
ولا بتقليب كُمٍّ عند مُنْتَحَب
بل التصوّف موتُ النفس فاْسْعَ لها
واْسْلُكْ سبيلا لِخير الانبيا تُصِبِ الح

23 bêt. Apographe assez bien fait, mais manquant souvent de points diacritiques, de l'année 1086. Tous les auteurs sont yémanites. Les qasîda sont très intéressantes.

622 *Inconnu.*

Fragment, de 12 pages, d'un commentaire sur une poésie ayant pour sujet des versets qorâniques. Apographe de l'année 1216. Avec des notes marginales de la main d'el-Ibrâŝî el-Maṣrî († 1275).

623 er-Rabî'a I. Slêmân el-Ġîzî.

Sur le fiqh šâfe'it. A la cinquième page commence
باب التيمّم. MS remarquable du VIIème siècle, à ce qu'il paraît. Ecriture très distinguée, souvent vocalisée. On observera la bonne qualité du papier. 380 pages.

624 Šeyḫ el-Islâm Aḥmed I. Teymîya el-Ḥarrânî
el-Ḥanbalî († 738).

.السياسة الشرعية في صلاح الراعيين والرعيّة

Assez bon apographe moderne corrigé. 88 p.

625 *Même auteur.*

.سؤال وجواب في الجزء الاختياري

C'est là le titre qu'une main moderne à écrit; il correspond au contenu. 46 pages. Suivi d'une fetwa par le même auteur sur le sujet suivant: سيل الشيخ عن
.الخضر هل كان نبيّا او وليّا وهل هو حيّ الآن ام لا

3 pages. Apographe très soigné, corrigé.

626 *Même auteur.*

.مناظرة ابن تيميّة مع البطايحيّة

Contre les prestidigitateurs religieux appelés à présent
الرِفاعيّة. Bonne copie moderne. 22 p.

627 *Même auteur.*

رسالة تتضمّن الحديث في سؤال النبيّ عن الاسلام
.والايمان والإحسان وجوابه عن ذلك

Ecriture neǵdî très distincte. Le colophon dit: وكان

الفراغ من هذا الكتاب يوم الخميس بعد الظهر من شهر ربيع الاول سنة ١١٩٧ في ملك عليّ بن الشيخ. Ce ʿAlî paraît bien être le fils de ʿAbd Allâh I. ʿAbd el-Wahhâb, appelé „le šeyḫ" par excellence. 38 p.

628 *Même auteur.*

قاعدة في ردّ على الغزالي في مسئلة التوكّل.

11 pages.

629 *Même auteur.*

قاعدة في افعال الحجّ.

13 pages.

630 *Même auteur.*

قاعدة في الصبر.

5 pages.

631 *Même auteur.*

Fetwa sur تأخير الصلوة, 8 pages, et sur محافظ لصلاة الخميس والجمعة, 2 pages. Suivi de: 1⁰ Petit traité philosophique d'Ibrâhîm er-Riqqî, 2½ pages; 2⁰ Anecdotes ½ p.; 3⁰ Autre Fetwa d'I. Teymîya décidant que la charité est préférable à un pèlerinage surérogatoire de la part d'une personne riche, 1 page. Le colophon nous apprend que l'apographiste est ʿAbd Allâh I. Moḥ. el-Maqdisi, en 807. Il a également écrit les nᵒ 627, 628, 629 et 630, en 808; 4⁰ Extrait d' الملتقط d' I. el-Ǵauzî, élève d'I. Teymîya), 5 pages.

632 Contient: 1° Aḥmed I. Teymîya. قواعد الاسلام, 42 pages. Apographe de 1246. 2° Aḥmed el-Maqrîzî. Extrait de son el-Ḫiṭaṭ, sur علم الكلام, 3 pages. 3° ʿAbd Allâh I. Aḥmed I. Qodâma el-Maqdisî el-Ḥanbalî. Explication de quelques traditions controversées. Corrigé. 8 p. 4° Aḥmed I. Teymîya. قاعدة جامعة في التوحيد. Très bonne et belle copie de 1227. 28 p.

633 Moḥ. I. Aḥmed I. ʿAbd el-Hâdî el-Ḥanbalî.

مناقب ابن تيمية الحرّاني.

Très jolie copie moderne. 40 pages.

634 Idrîs I. Beydukîn et-Turkomânî (élève d'I. Teymîya).

فصل في الفُتُوّة.

L'auteur admet bien l'utilité de la gymnastique, mais il n'est pas d'avis qu'on doive permettre aux jeunes imberbes d'y prendre part, car اللواط est à craindre! Cet avis est partagé par Moḥammed I. Abî Bekr I. ʿÎsâ el-Ḥannâʾî, dont on trouve ici également la fetwa. 10 pages.

635 Serâǵ ed-dîn Abû Ḥafṣ ʿOmar I. ʿAlî I. Mûsâ el-Bazzâr.

الاعلام العليّة في مناقب ابن تيميّة.

Bel apographe moderne. 38 pages.

636 Marʿî I. Yûsuf el-Ḥanbalî el-Maqdisî.

الشهادة الذكيّة في ثناء الائمّة على ابن تيمية.

Composé en 1157. Bel apographe moderne, 45 pages.

637 Šams ed-dîn Abû ʿAbd Allâh Muḥammad I. Abî Bekr I. Eyyûb ez-Zaraʿî († 751) connu sous le nom d'I. Qeyyim el-Ǵauzîya (élève d'I. Teymîya).

.الكَلِمُ الطيب والعمل الصالح

Ecriture distincte, mais sans points diacritiques. Corrigé. 158 pages.

638 *Même auteur.*

.زاد المعاد في هدى خير العباد

Histoire importante de la vie du Prophète. Le premier volume, dont il manque quelques feuilles à la fin, est écrit de la main de Moḥammad I. ʿAbd el-Wahhâb en-Neǵdî. Ecriture petite et serrée, mais assez lisible. Corrigé. 450 p. Le second volume a été écrit en 854. C'est un fort joli MS d'une belle écriture où les points diacritiques font rarement défaut. La deuxième feuille a été suppléée après coup. Apographe de Yûsuf I. Ḥasan I. ʿAbd el-Hadî, élève d'I. Raǵab el-Ḥanbalî, élève de l'auteur. Corrigé. Gros volume de 428 p.

639 *Même auteur.*

.جِلاء الافهام في فضل الصلوة على خير الانام

Apographe de 1134. Ecriture un peu négligée, mais très lisible. Corrigé. 179 pages.

640 *Même auteur.*

.تحفة المودود في احكام المولود

Même apographiste que le nº précédent. 130 pages.

641 *Même auteur.*

كتاب الروح.

Superbe apographe de l'année 1204. 570 pages. Petit format.

642 *Même auteur.*

سفر الهجرتَين وطريق السعادتَين.

Fol. 20—27 manquent. Apographe corrigé, fait sur l'original de l'auteur. Ecriture très distincte. 410 pages.

643 *Même auteur.*

منقول من بدايع الفوائد.

Bon apographe moderne. Collationné. 134 pages.

644 el-Imâm eś-Śaukânî el-Yemanî († 1245).

جواب الموحّدين في دفع الشُبَه عن المجتهدين.

Ouvrage important pour l'histoire religieuse des Wahhâbites. C'est une défense en leur faveur par un des plus illustres écrivains modernes du Yéman. Copie très soignée d'une belle écriture. 128 pages.

645 *Même auteur.*

الدرر البهيّة في المسائل الفقهيّة.

Apographe distinct, avec des notes marginales, de l'année 1240. Collationné. 18 p.

646 Abû Moḥ. ᶜAlî I. Aḥmed I. Ḥazm eẓ-Ẓâhirî († 456).

المحلّى بالآثار في شرح المحلّى.

Apographe fort joli d'Aḥmed I. Śakr I. Seyf el-

Maṣrî eś-Śâfeᶜî. (VIIème siècle?) Il est à regretter que nous ne possédions que le quatrième volume de cet ouvrage extrêmement important. Commence par كتاب القرض وهو الدين, et arrive jusqu'à la fin de كتاب الشفعة. Ecriture fort soignée presque totalement vocalisée. 500 p.

647 Aḍud ed-dîn el-Îgî († 756).

شرح مختصر منتهى السول والامل في علمي الاصول والجدل.

Ouvrage remarquable. Superbe copie yémanite de 882 ayant presque toujours les points diacritiques, largement vocalisée. Notes marginales. 364 pages.

648 Saᶜd et-Taftazânî.

La هاشية sur le commentaire de ᶜAḍud el-Îgî sur le مختصر المنتهى d'I. el-Ḥâgib.

Cette copie est remarquable comme ayant appartenu à Moḥ. I. el-Qâsim el-ᶜAlawî el-Yemanî, qui y a fait un commentaire se trouvant à la marge, et l'a collationnée sur la copie faite par ᶜAbd en-Nâṣir I. Ḫalîl el-Maḥallî (commentateur de جامع الجوامع d'I. es-Subkî), en 925. Les premières 41 feuilles sont d'un format plus petit que le reste. Ecriture très distincte souvent vocalisée. En tout 384 pages.

649 eś-Śerîf el-Ǵorgânî.

La هاشية sur le commentaire de ᶜAḍud el-Îgî sur le مختصر المنتهى d'I. el-Ḥagib. Ayant également appartenu à el-ᶜAlawî, qui a fait les notes marginales et la collation. Même apographiste que le nº précédent. Le commencement manque. 150 pages.

650 eś-Śeyḫ ᶜAlî el-Ḥalabî.

عقد المرجان في ما يتعلق بالجان.

Apographe d'Ibrâhîm ez-Ziyâdî en 1097. Ecriture lourde, mais très correcte. 14 pages.

651 Ṣâleḥ I. Mehdî el-Muqbilî.

نجاح الطالب لمختصر المنتهي لابن الحاجب.

Apographe yémanite de 1132. Corrigé. Sans points diacritiques. 116 pages.

652 *Inconnu.*

Sur الطهارة. 20 pages d'une écriture négligée sans points diacritiques.

653 Bedr ed-dîn Moḥ. I. ᶜAbd Allâh ez-Zerkaśî eś-Śâfeᶜî († 794).

الغرر السوافر فيما يحتاج الية المسافر.

Sur les pratiques religieuses à remplir en voyage. Apographe excellent, corrigé, de l'année 866. 16 pages.

654 Ṭâhir I. Aḥmed I. ᶜAbd er-Raśîd el-Boḫârî el-Ḥanafî († 542).

خلاصة الفتاوى.

Selon le rite ḥanefite. Apographe de Maḥmûd I. Kamâl el-Qarâ-Ḥiṣârî, de 728. Les 8 premières feuilles et une feuille au milieu proviennent d'une main moderne. Notes marginales. Corrigé. 796 pages.

655 Abû ᶜAbd Allâh Kamâl ed-dîn Moḥ. I. ᶜAbbâd el-Ḫallâṭî el-Ḥanafî († 652).

الجزء الثالث من شرح تلخيص الجامع الكبير.

Bel apographe de l'année 882. Commence par كتاب الوصايا. Les points diacritiques sont souvent omis. 300 p.

656 Šeyḫ el-Islâm Zakarîyâ el-Anṣârî († 926 [1])).

تحفة الطلاب بشرح تحرير تنقيح اللباب.

Fiqh Šafeᶜite.

Avec un commentaire marginal. 34 feuilles au milieu ont été suppléées par une main moderne. Le reste date de l'année 1009. Cette partie est en écriture très fine, mais très nette. 432 pages.

657 El-Imâm Moḥ. I. el-Ḥasan eš-Šeybânî († 187).

الجامع الكبير.

La première feuille manque. Apographe hors ligne de l'année 615. 718 pages.

658 *Inconnu.*

الملل النحل.

Apographe fait à Saᶜda, dans le Yéman, en 1050. 18 p.

---

1) V. Ḥ. H. I, 129, l. 12 et II, 204, l. 1, éd. Caire. L'année † 910 est une erreur.

APPENDICE.

659 *Inconnu.*

رسالة في قرية تميم الداري.

Apographe de l'année 1017. Le commencement manque. 46 pages d'une bonne écriture distincte.

660 Fragment d'une histoire des Pachas turcs qui ont gouverné l'Egypte. Il paraît être de la main de l'auteur. 20 pages.

661 Kalwâs el-Kîmâwî el-Ǵermânî.

منية الطالب وزبدة المطالب.

Une note dit: هذه رسالة كَلْواس الجرماني في علم الكيمياء وهي عجيبة في بابها فانه بيّن فيها الكيمياء على طريقة جابر والكيمياء على طريقة الافرنج اي بمعنى التحليل والتركيب وابدع في بيان كلٍّ ووفّق بين الاقوال. Belle copie moderne collationnée. Qui peut bien être l'allemand qui est allé exprès au Caire pour y étudier l'alchimie et qui est l'auteur de cet ouvrage singulier? 40 pages.

662 **كتاب الاسرار السماوية.**

C'est ainsi que nous avons cru lire le titre presque éffacé se trouvant sur la tranche. Défectueux au commencement et à la fin. Très belle écriture. MS du VIIème siècle. 208 pages.

663 *Inconnu.*

كتاب العِطْرِيّات.

Ce petit MS, d'une belle et bonne écriture et ayant à peu près 100 ans, contient 70 recettes pour faire du beurre, de l'ambre, de l'eau de fleurs d'oranger, de l'encre, du miel, des parfums, des tisanes, de l'opium, du vinaigre, du savon, des couleurs, des pierres précieuses, des perles etc. Il nous paraît intéressant d'en rapporter les deux articles suivants. Fol. 9a: باب عمل السمن البقري. يوخذ شحم بقري يسلاً ويزيّل سِلاءه ثم تقلب عليه رطلين حليب بقري اغليه مصبوغ بوَرْس مصحون او زعفران وقليل زيت طيب حتى انه ينفسخ ويتجبّن ثم ادخلْ عليه بمثله سمن بقري وبِعْه من غير إنكار والله الموفّق. Fol. 11a: باب عمل نبيذ. يوخذ عسل نحل مصري رطل خمر ابيض عتيق رطل زبيب منزوع العَجَم رطل زنجبيل عشر دراهم هال وسنبل ثلاث دراهم زعفران نصف درهم قرنفل ثلاث دراهم فَوْفَل تلاث دراهم يسحق الجميع ويخلط ويعمل في قَراية زجاج ويسدّ فمها بطين الحُكْمة وتعمل في قدر وتملا القدر ماء الي حدّ فمها وتقد عليها النار يوم وليلة بتواليته والماء يغلي وكلّما نقص الماء عنها زِدْها حتى ينعقد فاذا انعقد إكْسرْ القراية وخذْ منها وزن نَصف درهم لثلاثة ارطال ماء

مصري فانه يصير نبيذا وهذا برسم الحمل من مكان الى مكان وهو من اسرار الخلفاء والله اعلم [1]. 35 pages.

664 ᶜOmar I. ᶜOṯmân.

كنز الحقائق ورمز الدقائق.

Bel autographe de l'auteur. Exégèse qorânique. Incomplet. Notes marginales. 192 pages.

1) Nous avons donné le texte tel qu'il se trouve dans le MS, plus les voyelles.

CORRECTIONS ET ADDITIONS.

VII, 10, lizez: quelques-uns. — VIII, 2, l. ancienneté. — 1, 3, autographes. — N° 5, ajoutez: Les 50 premières pages sont un abrégé de l'ouvrage principal avec le titre مقتطف من النور السافر par ᶜAbd er-Raḥmân el-ᶜAydarûs. — N° 17. Après ollation, il résulte que c'est le commentaire d'el-ᶜUqburî, et non de ᶜAbd el-Laṭîf el-Baṛdâdî. — N° 46, lizez: ᶜArifa. — 18, 7, lizez: 1081. — 29, 2, l.: Labbûdî. — 119, 2, l. جِلاء. Les Nos 611, 618, 621 doivent se ranger dans la partie" *adab*.

Le voeu que j'ai exprimé dans la préface a été accompli. Grâce à la protection que le gouvernement hollandais donne toujours à la science, grâce aux démarches zélées de Mr. le Professeur de Goeje, la collection dont je viens de dresser ici un catalogue provisoire a été acquise pour la bibliothèque de l'Université de Leide. Tous les Orientalistes savent que dans cette bibliothèque on n'essuie jamais un refus. Nous pouvons désormais avoir ces précieux MS chez nous, dans notre chambre d'étude: ils sont à nous tous du moment qu'ils ont été inscrits sur les registres de la bibliothèque de notre ami Mr. de Goeje. En déposant la plume pour me rendre de nouveau chez mes amis les Bédouins, je prie instamment mes confrères de ne pas exercer leur critique sur ce catalogue. En si peu de temps, je n'ai pu produire mieux. Mr. de Goeje nous donnera plus tard, avec le talent et l'érudition qui lui sont propres, un autre catalogue plus digne de la science et de l'institution dont il est le chef.

Leide le 20 Sept. 1883.

BIBLIOTHÈQUE NATIONALE R.F. IMPRIMÉS

C. L.

F
SMIT

www.ingramcontent.com/pod-product-compliance
Lightning Source LLC
Chambersburg PA
CBHW070414090426
42733CB00009B/1670
* 9 7 8 2 0 1 4 4 6 9 7 5 2 *